MEXICAN

AND

SOUTH AMERICAN

POEMS

(SPANISH AND ENGLISH.)

TRANSLATED BY

ERNEST S. GREEN,

AND

MISS H. VON LOWENFELS,
Late Teacher of Spanish, French and German in the Urban Academy, San Francisco.

**Fredonia Books
Amsterdam, The Netherlands**

Mexican and South American Poems
(Spanish and English)

Translated by
Ernest S. Green
Harriet von Lowenfels

ISBN: 1-4101-0645-4

Copyright © 2004 by Fredonia Books

Reprinted from the 1892 edition

Fredonia Books
Amsterdam, The Netherlands
http://www.fredoniabooks.com

All rights reserved, including the right to reproduce this book, or portions thereof, in any form.

In order to make original editions of historical works available to scholars at an economical price, this facsimile of the original edition of 1892 is reproduced from the best available copy and has been digitally enhanced to improve legibility, but the text remains unaltered to retain historical authenticity.

INDEX.

	Page
Introduction (*Introduccion*)	5—7
Notes to "The Dark Forest,"	11

TRANSLATIONS IN RHYME.

La Selva Oscura (The Dark Forest), *Gaspar Nuñez de Arce*,	16—17
Esperanza (Hope), *Francisco M. de Olaguibel*	62—63
Nunca (Never), *José Piug Perez*	64—65
Soneto (Sonnet), *Manuel Acuña*	66—67
Cancion (Song)	68—69

POEMS BY MANUEL ACUÑA.

His poetic signification, by *Fernando Soldevilla*,	73
Lágrimas (Tears)	80—81
Á La Sociedad Filoiátrica (To the Philharmonic Society)	94—95
Quince de Setiembre (Fifteenth of September)	102—103
Ante un Cadáver (Before a Corpse)	110—111
Cinco de Mayo (Fifth of May)	118—119
Nocturno (Nocturn)	126—127
Adios á —— (Farewell to ——)	134—135
Entonces y Hoy (Then and Now)	140—141
Al Poeta Mártir (To the Poet Martyr)	146—147
Mentiras de la Existencia (The Illusions of Existence)	152—153
Adios á Méjico (Farewell to Mexico)	158—159
Esperanza (Hope)	164—165
Al Ruiseñor Mejicano (To the Mexican Nightingale)	170—171
Á la Patria (To the Fatherland)	174—175

POEMS BY MANUEL CARPIO.

Méjico (Mexico)	180—181
Méjico en 1847 (Mexico in 1847)	198—199
El Popocatepetl (Mount Popocatepetl)	210—211
Al Rio de Cosamaloápam (To the River of Cosamaloápam)	218—219

INDEX—Continued.

POEMS BY FERNANDO CALDERON.

El Soldado de la Libertad (The Soldier of Liberty)........222—223
El Sueño del Tirano (The Tyrant's Dream)..............230—231
Una Memoria (A Memory).................................238—239
El Porvenir (The Hereafter)............................244—245
Á Hidalgo (To Hidalgo).................................248—249

Méjico y España (Mexico and Spain), *Juan de Dios Peza*, 252—253

SOUTH AMERICAN POEMS.

Canto á la Cordillera de los Andes,
    (Song to the Cordilleras of the Andes), *Juan Godoy*...260—261
Á la Esperanza (To Hope), *Gertrudis G. de Avellaneda*...280—281
El Veinte y Cinco de Mayo de 1838 en Buenos-Aires, (The
    25th of May, 1838, in Buenos Ayres) *Juan Cruz Varela* 294—295
Los Trópicos (The Tropics), *José Marmol*...............304—305
La Gloria (Glory), *Alejandro Magariños Cervantes*......314—315
Á la Juventud (To Youth), *Gertrudis G. de Avellaneda*...324—325
El Cementario de Alegrete (The Cemetery of Alegrete),
    Melchor Pacheco y Obes............................334—335
América (America), *A. Lozano*..........................342—343
El Dia Final (The Final Day), *G. G. de Avellaneda*.....350—351
Á la Luna (To the Moon), *José Manuel Cortes*...........356—357
Al Libertador (To the Liberator), *José Fernandez Madrid*, 362—363
En una Tempestad (In a Tempest), *José María Heredia*..368—369
El Aura de Amor (The Breath of Love), *R. M. Mendive*..374—375
Crepúsculo en el Mar (Twilight on the Ocean), *Echeverria*, 378—379
Á —— Versos Escritos en el Golfo Mejicano (To ——
    Verses Written in the Mexican Gulf), *J. A. Indarte*..382—383
Á Cristóbal Colon (To Christopher Columbus), *Baralt*....386—387
Á Washington (To Washington), *Avellaneda*..............388—389
Al Sol (To the Sun), *Gertrudis G. de Avellaneda*.......390—391
Agradecimiento (Gratitude), *Fr. Manuel Navarrete*......392—393
Á una Mariposa (To a Butterfly), *Avellaneda*...........394—395

Names of Authors...397

INTRODUCTION.

———o———

In preparing this volume of translations the original intention was to render the entire collection in English rhyme, and publish in that language only; but acting upon the suggestion of a number of teachers and students of Spanish, a "line for line translation," as near as irregular blank verse will admit, is given of all excepting a few poems which we had already translated in rhyme when the plan for the present work was adopted, viz.: to place the Spanish text on one page and the English on the opposite. This plan can not fail to meet with the approval of all admirers of the beautiful and euphonious language of Calderon and Cervantes, as it will not only introduce American readers to some of the most beautiful poems of their sister republics, but will also supply a useful and entertaining auxiliary to the Spanish grammars and readers now in use.

To strictly follow the rules of prosody would require so many interpolations and transpositions that it would prove confusing to the student, unless well advanced in the study of Spanish, and thus fail in the purpose for which the book is designed. It is therefore hoped that the irregularities which occur in this work will be overlooked.

"The Dark Forest," by Don Gaspar Nuñez de Arce, although by a Spanish author, is so popular in Mexico that we trust to be pardoned for publishing it with poems of the latter country.

The beautiful thoughts expressed in these canticles are nowhere to be found in such abundance as among the Spanish-American

INTRODUCTION—Continued.

people—not even in Spain, the mother of their language, and therefore these translations must be of incalculable interest to all lovers of poetry, even if they do not wish to acquire a knowledge of the Spanish language.

For lack of space only a few of the Mexican poets are quoted in this book, but there are others whose writings are almost equally popular. Among them may be mentioned: Sor Juana Ines de la Cruz, who was known as the tenth Muse of the age in which she lived; A. Plaza; J. J. Pesado; F. Rodriguez Galvan; J. S. Segura; J. Echais; M. Perez Diaz; G. Prieto; F. de la Puente y Apezechea; J. Riviera y Rio, and J. M. Sartorio.

Having quoted principally from the poems of Manuel Acuña, a brief biographical sketch is given of him as translated from the Spanish of Fernando Soldevilla, a distinguished Spanish biographer.

Special attention is invited to the South American poems, they having been carefully selected from among the gems of over fifty of the leading authors who dwell in the beautiful realms of astral breezes and tropical flowers.

At the close of this volume will be found a biographical dictionary of all the poets quoted.

THE AUTHORS.

San Diego, Cal., September, 1892.

INTRODUCCION.

―――o―――

Cuando concebimos la idea de presentar al público las traducciones que contiene este libro, fué nuestra primera intencion publicar tan solo la traslacion en verso inglés de las hermosas poesías que aquí le ofrecemos; mas siguiendo el sano parecer de un gran número de estudiantes y maestros de la lengua española, hemos resuelto hacer una traduccion casi literal y "línea por línea," por decirlo así, conservando hasta donde ha sido posible la galanura belleza y sabor de los originales.

Para que el público estudioso pueda hacer la comparacion entre el texto español y la traduccion inglesa, hemos colocado una al frente de la otra la poesía original y su traduccion, confiando en que este arreglo merecerá la aprobacion de todos los que estudian y admiran el habla rica y sonora á cuya galanura y explendor tanto contribuyeron Cervantes y Calderon, Tirso de Molinas, Lopez de Vega, Carpio, y tantos y tantos otros escritores, poetas y oradores de que el Parnaso castellano legìtimamente se enorgullese.

En este libro hemos procurado mas bien hacer una traslacion lisa y llana de los conceptos de un idioma en los del otro, que sujetarnos extrictamente á las leyes prosódicas, cuya estrecha observancia requeriria la introduccion de una multitud de interpolaciones y trasposiciones que, aunque muy literarias, desnaturalizarian el sentido y belleza del texto original; sin contar con que haciendolo así desvirtuaríamos el especial objeto de esta obra, que es el presentar á los oficionados, y estudiantes del idioma español

INTRODUCCION—Continúa.

una traduccion comparada del verso castellano en rimas inglesas.

La Selva Oscura, del eximio vate español Don Gaspar Nuñez de Arce, es tan popular y admirada en Mejico que no hemos vacilado en colocarla al lado de las poesas de este pais.

Ningun medio mejor pudiera encontrarse para estudiar el carácter y las costumbres del pueblo mejicano y sur-americano, que leer sus poesías; pudiendo muy bien decirse que los sublimes sentimientos que en sus cantos expresan los bardos del Nuevo Mundo, son típicos y característicos del rico Parnaso hispano-americano.

Para no dar extraordinarias proporciones á este libro, solo hemos escogido algunas de las muchísimas poesías de autores mejicanos que gozan de universal aplauso y renombre, deplorando no poder dar cabida a las inspiradas obras de poetas tan insignes como: Sor Juana Inez de la Cruz, que fué llamada en su siglo La Décima Musa Mejicana; A. Plaza; J. J. Pesado; F. Rodriguez Galvan; J. S. Segura; J. Echais; M. Perez Diaz; G. Prieto; Isabel A. Prieto; F. de la Puente y Apezechea; J. Riviera y Rio; J. M. Sartorio; Manuel M. Flores; José Peón y Contreras.

Llamamos muy especialmente la atencion de nuestros benignos lectores hacia las producciones de poetas de la América Meridional que aquí insertamos, las cuales han sido cuidadosamente escojidas de entre las muchas y muy hermosas que han producido los inspirados bardos de aquellas tierras tropicales donde todo es luz, flores, aromas y poesía.

Al fin de este tomo se encontrará un diccionario biográfico de todos los poetas citados.

LOS AUTORES.

San Diego, Cal., Setiembre de 1892.

THE DARK FOREST

(LA SELVA OSCURA.)

BY

GASPAR NUÑEZ DE ARCE.

EXPLANATORY NOTES TO "THE DARK FOREST."

The first triplet is almost a translation of the well known tercet with which Dante commences his "Divine Comedy," "*Nel mezzo del camin di nostra vita*," etc. I have placed at the head of my work this verse of the illustrious Florentine poet, moved by a feeling of respect to his glorious memory, like the poor gentleman of position, in reduced circumstances, who still preserves with religious affection the ancient manorial escutcheon on the portal of his lordly, but ruined and desolate home.

My poem begins in the dark forest in which Dante supposes to have suddenly found himself at the beginning of middle age, and separated from the direct road. His simple action passes in the place and in the period intervening from the time he found himself unexpectedly in the gloomy forest, until a panther attacks him intercepting his progress.

Following the symbolism of Dante, although without the certainty of having given the fit interpretation, I have represented in The Dark Forest that sad period of life—verging to old age—in which the illusions and hopes fall withered from the heart, as the dry leaves from the trees, destroyed by the autumn winds, and, in which the vegetation of the soul,—permit me to use the metaphor, although I may sin as being bold—that is to say, the renewing of its lost affections and its dreamed felicity, is very difficult, if not quite impossible.

Dante, whose likeness I have tried to trace in these verses,—and approaching the nearest that is preserved of him, and which, if I mistake not, is the work of Domingo Michelino—was born in Florence, in the year 1265, and was a descendant of an ancient Guelph family. From his youth, faithful to the party which his parents had embraced, he served his republic in magistries and embassies, and fought for it in Capaldino, and in Caprona. The divisions of the Guelphs, and the vicissitudes of the land of their nativity, drove him to exile, near Ravena, where he died in 1832.

A man of firm and strong character, notwithstanding his lively and natural desire which urged him to return to Florence, he constantly resisted to take, in order to do so, any humiliating and degrading steps. He might have been able to return to his fatherland, where already, as in all Italy, he was famous and admired, had he wished to lend himself to the conditions imposed upon him: the payment of a moderate fine, and the submission to various religious ceremonies which involved a kind of retraction; but Dante refused, saying that if to enter Florence, there was no other road, he would bid farewell forever to his native land. In fact, rather than to accede to what was demanded of him, he preferred to wander to the end of his life through France and England, and principally through diverse towns of Italy, learning through his own experience how bitter is the bread received from others, and how sad it is to climb the stairs of strangers.

> *Come sa disle*
> *lo pane altrui è com' è duro calle*
> *lo scendere è il salir per l' altrui scale.*
> —PARADISE, Canto XVII.

In the course of time Dante suffered in his political opinions. He began by being a Guelph and ended by being a Ghibelline. He loved ardently the liberty of Florence, but, abashed by the repugnant spectacle of a thousand petty tyrants that rent the heart of the Italian republic, he did not believe that freedom could be possible and secure, except under the protection and superiority of the emperor of Germany. The profound transformation through which his ideas had passed appears clearly in his book of "Monarchy," and in Cantos VI and VII of "Purgatory."

Virgil is the mentor of the great Italian poet in his journey through the "Inferno," and he neither deserts, nor separates from him, except at the entrance of "Paradise," when they both penetrate in the first circle of horrors where the great shadows of antiquity are suspended over the abyss Beatrice descends to them from the celestial heights and, addressing Virgil, asks him to defend and guide the one she calls with gentlest voice: "*L' amico mio.*" Thus, and by means of an allegory so delicate, love places Dante under the protection of poesy.

Dante was just nine years of age when, one day in May, being at the house of a friend of his father's, the Portinare family, he saw Beatrice,—daughter of the host, who was eleven months younger than the poet, and who was to be the inexhaustible fountain of his inspiration,—for the first time. "When she appeared before my eyes, with such a noble look," says Dante in his "Vita Nuova," "dressed in red, meek and virtuous, gracefully girdled, and in a way becoming her tender years, the vital spirit which dwelt in the depth of the heart, commenced to beat with great force in my breast, and my whole being received a deep impression, as if I said within me: 'Behold here, a being superior to myself that comes to take possession of me.'" This premature affection which other great poets have also felt,—and almost in our own times, Lord Byron, in love in his youth with a maiden of his own age—never lost in Dante the character of the ideal and contemplative which was to lead him to austerity and to glory. Nine years after his first interview, i. e. when Beatrice was seventeen, and he eighteen years of age, he saw again his beloved in the company of some ladies of rank, older than she, "dressed in a tunic of pure white." She greeted him sweetly, and by so doing transported the poet to the farthest limits of beatitude, and, as if he heard for the first time the ring of her voice, he was seized with such a strong perturbation, as he himself relates, that retiring to an obscure corner of his estate, he gave himself up to the most tender thoughts of gratitude and affection. Some years afterward she crossed his path again. Beatrice, feeling hurt by the suspicion of certain youthful levities attributed to her, refused to greet him one day as she was passing by him. This indifference produced such an intense grief in the heart of the poet that, fleeing from the people, he filled the earth with bitterest tears, and remained a long while as in a state of lethargy.

I did not relate all the incidents of Dante's intimate life, for they would not find room in the narrow limits of a note, and besides, being well known, they are not necessary for the understanding of my poem. Suffice it to say that timid and irresolute as he was, perhaps for the very power of his contained passion, he could never see Beatrice without being profoundly moved. On a certain day, having found her unexpectedly at the home of some lady friends, such an extraordinary trembling seized him as to almost set him beside himself. The ladies found out his secret, and increased his confusion by mischievous smiles and whispering.

Thus years passed without producing any change whatever in the sentiments of Dante, until the death of Beatrice in the flower of her age, on the 2nd of July, 1290. The grief of the bard was unbounded; the city of Florence, robbed of whatever it contained of charm and splendor, seemed to him in mourning. He wrote touching poems to the holy memory of Beatrice, in her praise and glorification, filled with the mystic and symbolic spirit which is one of the most characteristic strokes of his genius, until one day he had a marvelous vision, the details of which he passes over in silence, and of which it says in the "Vita Nuova," he witnessed such things that he determined to keep silence concerning everything about that blessed soul unless he could speak in worthy terms. "In order to succeed in this," he adds, "I have studied constantly, and I hope to say of her what has never been said before of any other."

Thus he announces fourteen or fifteen years before his poems of "Hell," "Purgatory," and "Paradise," that he is entirely wrapped up in Beatrice, who, after her death, continued to be the absolute mistress of the poet's heart, as she had been in life.

The story of these chaste and immortal affections, the allegoric sense of which has always given occasion for careful and profound interpretations, serves for a basis, as the reader will see, to my poem, "The Dark Forest," and singularly to the second canto.

Dante who, as previously stated, accompanies Virgil in his peregrination through the Inferno, and afterwards Stacio, a Christian poet who joins, and remains with them until their exit from Purgatory, has always present the purest image of Beatrice, on whose frequently invoked name the obstacles he encounters are smoothed over and disappear. When in the twenty-seventh canto of the Purgatory he finds before him a wall of fire which impedes his progress, Dante draws back in fright, but Virgil says to him: "Consider, my son, that this wall interposes itself between Beatrice and thee."

"Or vedi figlio
trà Beatrice è te è questro muro,

and upon hearing this he throws himself, without hesitating, into the midst of the flames. He feels himself suffocating by the heat of the sea of fire which surrounds him, and then the glorious bard again speaks to him of Beatrice, and to comfort his sorrowing mind says to him these tender and consoling words: "It appears to me that I already see her eyes,"

"*Gli occhi suoi gia' veder parme.*"

Transported through two abodes of sorrow, Hell and Purgatory, Beatrice is the only one who conducts Dante, and who attracts him from circle to circle that he may taste of the heavenly joys and ineffable pleasures of Paradise.

GASPAR NUÑEZ DE ARCE.

LA SELVA OSCURA.

CANTO I.

Al bajar la pendiente de la vida,
Me hallé de pronto en una selva oscura
Agreste y sin vereda conocida.

Turbado y lleno de mortal pavura,
Seguí marchando á tientas y sin tino
Al través de la lóbrega espesura.

Brisa otoñal, en raudo remolino,
Las hojas de los árboles movia
Y alfombraba con ellas mi camino.

No sé por qué mi corazon creia
Que con las místias y amarillas hojas
Llevaba el viento la esperanza mia.

Dejando impresas las señales rojas
De mis desnudos piés ensangrentados,
Y avanzando entre sustos y congojas,

Intenté ver si por opuestos lados
Fácil salida al labarinto hallaba,
Y venturoso fin á mis cuidados.

Pero á medida que en la selva entraba
Iba siendo su aspecto más salvaje,
Y más profusa, impenetrable y brava.

THE DARK FOREST.

CANTO I.

Descending down the steep declivity of time
I found myself within a forest, wild, sublime,
Among whose shades was heard the dry leaves' chime.

Thus, restless and aweary, filled with mortal dread,
Among the sombre trees my aimless steps were led,
And through the tangled thicket upon my course I sped.

The elements were moved with an autumnal breeze
Which woke the solitude and sighed among the trees,
And carpeted my road with showers of russet leaves.

I do not know what cause my heart had then to say
That with the withered yellow leaves I saw that day
My hopes by winds were borne to regions far away.

I left the tracks of my ensanguined footprints there—
The marks of feet that wandered bleeding, torn and bare—
Advancing fast between each anguish and each scare.

I tried first one and then the other side to see
If from the labyrinth an exit there could be
To put a happy end to my anxiety;

But entering the wold, where winds the trees had piled,
Still onward, ever on, my footsteps were beguiled,
And still the woods became more tortuous and wild.

¡ Cuántas veces el áspero ramaje
Hiriéndome al pasar con golpe rudo,
Me arrancó sordo grito de coraje,

Sin que templaran mi dolor agudo
Ni el silencioso bosque, ni el sombrío
Cielo, ni el eco á mis clamores mudo !

Asaltóme el terror, y á pesar mio
Volcóse mi asombrado pensamiento,
Como se vuelca el ánfora de un rio,

Poblando, en su febril desbordamiento,
De monstruos la espesísima arboleda
Y de rumores el callado viento.

Tibio fulgor, cuyo recuerdo aún queda
Fijo en el alma, del tropel liviano
Iluminaba la bullente rueda,

Cual la luz que en las noches de verano
Serpentea con lívido destello
Sobre la sepultura y el pantano.

Tenaz angustia se enroscó á mi cuello
Y conturbó mi juicio de tal modo,
Que de pavor se me erizó el cabello.

Desvanecido ya, ciego del todo
Y acometido por las sombras, iba
Tropezando do quier como un beodo,

Hasta que al fin, agitacion tan viva
Rindió mis fuerzes y caí, cual duro
Roble, que el huracan troncha y derriba.

How often those rough limbs dealt me a wicked blow,
While passing where well nigh impervious thickets grow,
Which drew from me low cries of anger and of woe.

Not did the silent woods, nor yet the murky sky,
Nor e'en the sound that echoed from each mute outcry,
Temper my pain intense or quell the rising sigh.

New terrors spread around on all before my gaze;
They seized my mind and left me there in puzzled maze,
As overflowing river the lonely tree doth raze;

And with the inundation, covered o'er with foam,
Are mighty monsters borne far from their natal home,
While loud aerial murmurs ascend the heavenly dome.

A dim phosphorus light before mine eyes did lay—
A light that from my soul will never pass away,
And lit upon the circle which in the grove held sway,

As in the darkness of a cloudy summer's night
There creeps about a livid scintillating light
O'er grave and marsh where gasous fluids there unite.

A most tenacious anguish did to my throat adhere
Which rendered all my thoughts vertiginous and unclear
And made my hair to stand on end with mortal fear.

Already weary, trembling, faint and blind to all,
And overcome by darkness, gathering like a pall,
I staggered slowly on, and scarce could help but fall,

Until at last my strength I could no more retain,
And to the ground I fell beneath a conquering pain,
As falls the mighty oak before the hurricane.

Cuánto, en el bosque tétrico y oscuro,
Postrado estuve y frio como el hielo,
Iuútilmente recordar procuro.

Sé que al volver en mí con hondo anhelo,
Desesperando del auxilio humano,
Alcé los brazos y la vista al cielo;

Que busqué en mi memoria de cristiano
La fé de mi piadosa adolescencia,
Y que pugné por alcanzarla en vano.

¡Oh cielo que alumbraste mi inocencia,
De candorosas ilusiones lleno
En tu infinita y pura trasparencia!

¡Oh cielo azul, espléndido y sereno,
Patria inmortal del ánimo que aspira
A dilitarse en tu profundo seno!

¡Cuánto has cambiado para mí!...¡Mentira!
Tú no cambias jamas. ¡Siempre tu esfera
Es del color del alma que la mira!

—¿Por qué se asusta el ave pasajera
Que con vuelo imprudente y atrevido
A incógnita region partió ligera,

Si cuando torna al bosque en que ha nacido
Tal vez arrepentida y fatigada,
No encuentra ya su abandonado nido?—

De pronto, traspasando la enramada
Sin conmover las hojas, como suave
Rayo de luna en noche sosegada,

THE DARK FOREST.

How long in this foul grove, upon the damp cold clay,
My form, as cold as ice, unconsciously did lay,
Alas! my memory fails, and I no more can say.

I but remember that 't was in a gloomy shade,
And when I woke, despairing of all human aid,
With eyes and arms toward heaven in eagerness I prayed.

I sought in Christian memory once more to gain
The faith that once my adolescence did maintain,
But to accomplish this endeavor proved in vain.

O heaven, replete with true illusions, it is ye
Whose light upon my innocence doth make to flee
The darkness, in thy infinite, pure transparency!

O azure sky, magnificent, glorious and serene;   [lean
The bright immortal home toward which the soul doth
That it may roam thy bosom in celestial mien!

To me how changed and dark thine aspect doth appear!
'T is false, 't is false! thine aspect ne'er will change! Thy
Is colored as the soul beholding its compeer!   [sphere

The bird of passage that hath left its native land
In venturesome, imprudent flight to an unknown strand,
Why was it frightened when the foreign realm was scan'd,

If, when repenting and aweary on that shore,
It rose, and to the woods which saw its birth did soar,
But its deserted nest it finds, alas! no more?

Suddenly between the bows there came a light,
Without a rustle of the leaves to left or right,
Like gentle ray of moon upon a peaceful night.

Llegó un anciano á mí, pausado y grave,
Mostrando la serena compustura
Que solo en almas superiores cabe.

Prestaban majestad á su figura
El lauro de oro en la anchurosa frente,
Y la talar y roja vestidura.

Avanzó con el firme continente
De quien no cede á la pasion tirana,
Ni el torpe miedo del peligro siente,

Rasgando con su vista soberana
La densa oscuridad, como avisado
A penetrar en la conciencia humana,

Y á ver hasta en el pecho más cerrado
La insomnia incertidumbre del delito
Y la muda vergüenza del pecado.

Mi respeto es mayor cuando medito
En su semblante rígido y severo
Por las vigilias y el dolor marchito ;

Cuando animar con mis memorias quiero
Si no la noble imágen, el esbozo
De aquella ilustre sombra que venero ;

De boca reprimida, extraña al gozo,
Como empeñada en detener el paso
A justa maldicion y hondo sollozo ;

De aguileña nariz, de rostro raso
Y enjuto, de mirada penetrante
Como una espada, y tan temida acaso.

An aged man approached me, feeble, grave and slow,
While that austere and calm decorum he did show
Which only of the most superior minds we know.

On his broad forhead was a laurel of pure gold ;
A vesture, draped in red, about his form did fold,
Both lending majesty to the figure firm and old.

Advancing with that steady step he did reveal
The visage of a man who yieldeth not his zeal
To passion, nor the sense of danger doth he feel,

But pierceth his superior sight through ambient brume
As though his gaze could penetrate the darkest gloom
And search the human conscience, though 'neath piles of
[coom ;
And see the sleepless incertitude the heart within,
And even thoughts of guilt which may in it begin ;
Likewise the dormant shame of hearts begrimed with sin.

And when I meditate respect doth still enhance
As I behold his rigid and austere semblánce,
Quite shrunk through years of sorrow and of vigilánce ;

Then with my recollections I wish to animate,
If not the noble image, the outlines yet create,
Of that illustrious spirit which I so venerate.

With mouth repressed, and he to joy a stranger found,
As if resolved to arrest the steps upon the ground
To malediction just, and awful sobs profound.

His nose was aquiline—at least appeared as such—
His visage, clear and spare, did seem the soul to touch
As point of sword the flesh, and may be feared as much.

Lleno de admiracion víle delante
De mí, lloré, con voz conmovedora
Grité, cayendo prosternado :—¡ Oh Dante !

Y á este nombre la turba aterradora
De fantasmas huyó cual los insanos
Sueños al leve rayo de la aurora.

Señor—tendiendo las crispadas manos
Exclamé con afan :—préstame auxilio,
Que me pierdo en tinieblas y arcanos.

—Haré por tí cuanto en mi largo exilio-
Me contestó con reposado acento—
Hizó por mí la sombra de Virgilio.

Será grande y terrible tu tormento
Antes que el sol á iluminarte vuelva,
Porque aquí se desgarra el pensamiento.

Pero al amargo trance te resuelva
La sentencia fatal que en la vida
Todos pasamos por la *oscura selva.*

¡ Todos pasamos, sí ! Y es á medida
Que de su freno la razon se exime,
Más angosta y difícil la salida.

Aquí se desespera, aquí se gime,
Aquí se llora sangre, aquí el quebranto
De las pasadas culpas nos redime.

Aquí no tienen en su eterno espanto,
Ni olor las flores, ni rumor las fuentes,
Ni las medrosas avecillas canto.

I saw him stand before me and mine eyes did chant
His praise, and weeping fell I prostrate and did pant
With deep emotion and with touching voice: "O, Dant'!"

And at that name the fiendish phantoms fled away
From that lone wood as darkness pales before the day,
And maddening dreams before aurora's gleaming ray.

"Master," I exclaimed with utmost eagerness,
And stretching out my hand spasmodically to address,
"Lend succor or I'm lost in arcana and darkness!"

"What Virgil's spirit did, in my long exile, for me,
The same to-day, my son, will I now do for thee,"
He answered in a quiet voice and tenderly.

"Ere shines the sun upon his course again on thee
Thy torments will be great and terrible to see,
For only thus can the imprisoned thought be free;

"But may the ominous sentence that we all, in life,
Must pass the dark and gloomy forest and its strife,
Resolve thee to the dangers which in it are rife.

"We all must drink the bitter cup while passing through,
And thus as reason doth its onward course pursue
Still narrower becomes the exit avenue.

[stream,
"Here groans; here deep despair; here tears of anguish
And here the breaking up, as waking from a dream,
Of our past faults which now our troubled souls redeem,

"And here, in their eternal fright no fountains spring;
No flowers scent; no sound of brooklets murmuring,
Nor e'en in all the realm do timorous birdlets sing.

Ya verás, cuando avances, cómo sientes
Bajo el tremendo golpe de la pena,
Crujir tus huesos y chocar tus dientes.

Aquí el aire es infecto y envenena,
Hiel el agua que bebes; aquí el hombre
Llega á dudar de Dios y se condena.—

—¡Oh!—receloso pregunté—¿qué nombre
Tiene esta horrible selva en que me veo?
¿A dó podré mirar que no me asombre?—

Y cuando así expresaba mi deseo,
Sentíme herido de terror extraño,
Como en presencia de su juez el reo.

—¿No has conocido ya para tu daño—
Respondióme el Maestro—que caminas
Por la selva mortal del Desengaño?

¿No te lo han revelado las espinas
Que ensangrientan tus piés, y el grave peso
De los recuerdos bajo el cual te inclinas?

No esperes que con lánguido embeleso
Las jóvenes y alegres ilusiones
Impriman en tu faz su ardiente beso.

No esperes que con himnos y canciones
Aduerman tu virtud, ni con infames
Halagos den calor á tus pasiones.

Es inútil que grites y derrames
El llanto acerbo que tu rostro escalda.
¡Huyeron! No vendrán, aunque las llames.

"And thou wilt see, when on thy dreary journey bent,
Thy bones will shake; thy teeth will chatter; thou'lt la-
When under the tremendous blow of punishment; [ment

"For here the air is tainted and envenomed all;
The water that thou drink'st shall likewise be as gall.
Here man, coming to doubt his God, self damned doth
[fall."
"Oh!" I asked with dread of what must yet betide,
"What name dost call this dreadful wood where I abide,
And whither may I look and not be terrified?"

And when I thus expressed my wish I saw my fate;
A strange and awful dread my soul did animate
Like fear of criminal before the magistrate.

"And hast thou then," the master answered, "not yet
Unto thy detriment that we are walking 'round   [found
Upon the forest of Disillusion's fatal ground?

"Have not the many thorns that tear thee cap-a-pie,
And memories' heavy burden from which thou art not free,
And under which thou bend'st, revealed it unto thee?

"Think not that youth's illusions will give thee joyful
Nor imprint on thy visage (my son remember this) [bliss,
With languid ecstacy, their warm and ardent kiss.

"Do not expect, or hope, that they will thee allure
With chants and hymns, nor yet assuage thy vigor pure,
Nor with vile flattery thy passion's zeal inure.

"'T is useless now for thee to weep upon this shore,
And shed the bitter tears that scald thy visàge o'er:
They 've fled, and tho' thou callest they return no more!

Cuando tocamos en la agreste falda
De la vejez, impuras meretrices,
Todas nos vuelven con desden la espalda

¡Ay! Bienaventurados y felices
Los que al llegar al término forzoso
Que con estéril cólera maldices;

Cuando por todas partes el frondoso
Bosque, sus pasos embaraza y cierra,
Y no encuentran la dicha ni el reposo;

Cuando, como despojos de la guerra,
Van dejando en la linde del camino
Las breves alegrías de la tierra,

Y el hombre, fatigado peregrino,
Hácia el negro sepulcro avanza á oscuras
Sin saber dónde va, ni por qué vino;

No pierden en las ágrias cortaduras
Del escabroso monte de la vida,
Sino sus miserables vestiduras,

Y llevan hasta el fin de la partida
La luz, que el mundo al infortunio niega
En su propia conciencia recogida!

Esa luz, cuando el ánimo se entrega
A la insaciable duda, con su escaso
Fulgor, si no le alumbra, no le ciega.

Y semejante al sol en el ocaso,
No esparce ya la claridad del dia,
Pero á la negra noche estorba el paso.

"When we the rough incline have reached, where life
    doth wane,
We see the vile canaille, that throngs the town and plain,
Upon us turn their backs with haughtiness and disdain.

"Ah! blest and happy will the people be if they,
Upon arriving at th' inevitable day
On which the curse of blighting anger thou wilt lay,

*"Lose but their miserable vestures in the chine
And 'mong the cheerless groves of wild and gloomy pine,
And in the cragged fissures of the life's incline;

"And wandering around within the leafy wood,
Encountering obstacles, and also craving food,
And finding neither joy nor rest, and nothing good;

"And leaving by the way the fleeting joys of earth,
Like ancient warrior's relics about some Scottish firth,
Or like fair jewels strown, of rare and precious worth.

"And men, the weary pilgrims in this realm below,
Advancing toward the sable grave do not yet know
The cause for which they came or whither they must go,

"They carry to their journey's end the valued prize:
The light in their own conscience, hid from wanderer's
And which misfortune to the gloomy world denies; [eyes,

"That light with brilliancy subdued and nearly out,
Though not enlight'ning yet not blinding him without
Who yields the soul to its insatiable doubt,

"And similar to the western sun, when fades his light,
It doth no more spread out the beams of day so bright,
But still impedes the darkness of the coming night.

    * In the Spanish text the subject and predicate are here separated by three verses, but to sound well in English it was necessary to place the clausular verses after the predicate.

Ténue es su resplandor ; mas él nos guia
Cuando abatido el corazon despierta
En la intrincada y azarosa vía.

¡ Triste de aquel que á conservar no acierta
Viva esa luz y arrastra desolado
Al través de la vida el alma muerta !

Que es como el asesino condenado
A marchar siempre, en lobreguez envuelto,
Con su inocente víctima cargado.—

—¡ Oh Dante !—preguntéle apénas vuelto
De mi estupor.—Y tu pasion, aún vive ?—
—¡ Vive y no morirá !—dijo resuelto.

Con mayor fuerza su impresion recibe
Mi espíritu inmortal, hoy que no siente
Deleznable interés que le cautive.—

Dijo, dobló la pensativa frente,
Guardó silencio y sin hablar marchamos
Largo trecho por la áspera pendiente.

Delante de él los retorcidos ramos
De corpulentos árboles se abrian,
Y sin molestia ni dolor pasamos.

Pero despues con ímpetu volvian
A entrelazarse como espesa malla,
Y dijérase á veces que gemian,

O que surgia de la inculta valla
Que tras nosotros se cerraba, el ruido
Temeroso de un campo de batalla.

"Its delicate brilliancy guides to a dark abode
Where our dejected hearts awake with heavy load
Within some intricate, some dark and ominous road.

"'T is sad for him who fails, amid the worldly strife,
To keep alive that light, when raging storms are rife,
And desolately drags his defunct soul through life.

"'T is like the foul assassin, condemned to march alway,
And wander in obscurity upon his way,
Bearing the body of the victim he did slay."

"O, Dante!" hardly o'er my stupor him asked I,
"And lives thy passion yet as in the times gone by?"
He resolutely said: "It lives and will not die!

"My spirit now in immortality doth roam
And doth receive more power than in its temporal home,
Now that 't is freed from interests frail as ocean's foam."

He ceased to speak and thoughtfully bent his brow,
And silently we passed beneath an oak tree's bough,
And through the rough declivity our road did plough.

Before his steps the branches on the wooded plain
Of giant trees did part as in the land Cocagne,
And we passed on without more trouble or more pain.

But soon again with wrath the boughs did intertwine
Alike thick coat of mail; and one would say, in fine,
That they at times did groan, and even woes divine;

Or that from incult barrier, which behind us sealed,
Like meshes crudely formed from Nature's mighty shield,
There surged the fearful din of furious battle-field.

Súbito, con acento enternecido
Clamó alzando la frente :—¡ Oh cásto sueño,
Nunca logrado y siempre perseguido !

¡ Oh Beatriz, que con tenaz empeño
Busco en vida y en muerte ! ¡ Oh tú que fuiste
Y serás siempre mi imposible dueño !

¿ Quién á su encanto celestial resiste ?
¿ Quién, sin amarla y someterse, mira
Su faz á un tiempo esplendorosa y triste ?

¿ Quién por volver á verla no suspira ?
? Cómo olvidar su pudibunda sombra
Si ante mí sin cesar irradia y gira ?

Cuando la humana confusion me asombra
Y vacila mi fé, su imágen bella
Con angélica voz me alienta y nombra,

Y vamos ambos por la misma huella
Los círculos celestes recorriendo,
Ella en pos de la luz, y yo tras ella.—

—Padre—dije :—perdona si pretendo
Penetrar atrevido el hondo arcano
De esa inmortal pasion que no comprendo.

Unió tu sentimiento soberano
Las excelencias del amor divino
Y las miserias del amor humano.

A una mujer te encadenó tu sino
Y extático la amaste, hasta el momento
En que la muerte á devorarla vino.

But soon with tender voice he the tale renewed [trude;
With lifted brow: "Oh! chaste the dream which doth in-
The dream which never is attained though e'er pursued!

"O, Beatrice, whom I seek and long so much to see,
Tenaciously through life and death I search for thee,
O thou, my ideal mistress that can never be!

"Who can the visions of her heavenly charm endure;
Her countenance, at once sublimely sad and pure,
Without to love her with devotion calenture?

" To see her face again who would not heave a sigh,
Or who forget the modest spirit which doth fly
In endless revolution 'round before the eye?

" My faith it wavers and human tumult seizes me,
When her angelic voice wafts to me o'er the lea,
And that seraphic image fills me with ecstasy.

" And through the heavenly circles we still journey on
The selfsame track, for she my mystic paragon,
Doth seek for light and I pursue her steps anon."

" Father," I said, " Forgive me if audaciously I,
To fathom the deep arcanum of thy passion try ;
That supermundane passion which in thy soul doth lie.

" Supreme thy judgement is, which hath conjoined above
The excellencies of divine, like heavenly dove,
With bitter and deep miseries of earthly love.
[chained,
" A woman thou hast known, to whom thy heart was
Whose memory thy mind hath ardently retained
Till Death her spirit claimed, and he the victory gained.

Cayó como la flor que troncha el viento;
Pero al perder su túnica terrena
Hirió con nueva luz tu entendimiento.

Sigues tras la vision que te enajena
Con incansable afan; mas ¿de que modo
Obra en tí la pasion? ¿Es gozo? ¿Es pena?

¿Amas la carne vil? ¿Amas el lodo?
¿O bien la esencia incorruptible y santa
Del alma libre?—Y respondióme:—¡Todo!

La eterna aspiracion que nos encanta
Y llega á Dios como impalpable nube,
Del fango de la vida se levanta.

Escala es de Jacob por donde sube
Nuestro dolor, en busca de consuelo,
A las altas esferas en que estuve.

Es un gemido que remonta el vuelo
A la excelsa region de la esperanza,
Es la nostalgia mística del cielo.

—Señor—repuse:—mi razon no alcanza
A entender los misterios que me dices,
Y más se afusca, cuanto más avanza.

—Sabrás, sin que tu ingenio martirices
Lo que tu mente conocer no pudo.—
Y así hablando, sentóse en las raíces

Salientes y rugosas de un desnudo
Tronco, fantasma de la selva umbría,
Ante el cual desbordado, pero mudo,
Ancho rio de lágrimas corría.

"She fell like blossom fair, snatched by the stormy wind,
And left her earthly garb, fair as a flower of Ind,
And to new inspiration thy mind hath disciplined.

"Thou followest with untiring zeal where'er she goes;
Her vision alienates and robs thee of repose;
But how does it effect thee? Gives it joy or woes?

"Is it the sordid flesh, or lovest thou the clay,
Or incorruptible and holy essence, pray,
Of th' liberated spirit?" "All," the sage did say.

"Th' eternal aspirations which our souls enshroud
And fascinate, arises from the thronging crowd
And mires of life to God, like an impalpable cloud.

"It is the Jacob's ladder, on which our sorrows climb
In search of consolation, in a realm sublime,
To spheres on high where dwelt I 'yond the shores of Time.

"It is a sigh which rises upward in a trice
And soars to realms of hope, and leaves the world agrise;
It is the spiritual nostalgia of Paradise."

"Master," I replied, "my reason still is dumb
To what thou tellest me, nor can it solve the sum,
And thy deep mysteries still more obscure become."

"Without the torture of thy brain thou wilt receive
The mental power which thou before couldst not achieve,
And which thy dim intelligence could not perceive."

He spoke, and himself seated with trees for his compeers,
And there, like phantom of th' umbrageous grove appears
Upon a rugose root which 'round him domineers,
And shed a copious but silent flood of tears.

CANTO II.

Con su profundo pensamiento fijo
En más prósperos tiempos y lugares,
Dante Alhigieri suspirando, dijo:

—¡ Recordar es vivir ! Paternos lares,
Sueños de amor, quiméricos anhelos,
Rápidos goces, íntimos pesares,

Luchas de la ambicion traidores celos,
Sorda inquietud del alma que se pierde
Sin hallar el camino de los cielos;

Horas de insomnio en que voraz nos muerde
La duda el corazon, breve alegría,
¡ Desgraciado de aquel que no os recuerde !

La memoria es el faro que nos guía
Por el humano mar embravecido,
Desde la cuna hasta la tumba fría.

¿ Dónde la vida está del que ha tenido
La lobreguez del porvenir delante,
Si deja tras sus pasos el olvido?

¡ Ay ! Ya que ignora el pobre navegante
El puerto á donde va, conozca al ménos
Los que ha tocado, náufrago y errante.

En los dias alegres y serenos
De mi fugaz y hermosa primavera,
A la malicia y el engaño ajenos,

CANTO II.

While his profound and troubled thoughts were backward
And to more prosperous and happy days they fled,   [led,
Sad Dante Alhigieri deeply sighing said:

"Alas! but to remember is for aye to live!
Paternal hearths and dreams of love our mem'ries give;
Fantastic longings, sorrows and joys fly fugitive;

"The struggles of ambition and the treacherous zeal;
The mute anxiety which the lost soul doth reveal
Which cannot find its way the heavenly joys to feel;

"And hours of sleeplessness in which the doubt
Voraciously gnaws away our hearts though e'er so stout:
Unhappy he who from his memory these go out!

"Our memory is the light-house that guides us thro' the
Across the boist'rous human sea of raging spume, [gloom
And from the cradle to the cold and silent tomb.

"What is the life of him who, having had before,
The darkness of the future,—mysterious unknown shore,—
If he looks back upon his earthly tracks no more?

"Alas! since the poor sailor not the harbor knows
To which he sails away, he may at least know those
Which he has touched, shipwrecked and wand'ring, 'mid
                                              [life's woes.
"'T was when the happy days so peacefully did wing
Across my adolescent and fugacious spring,
And I knew not deceit or any evil thing,

Fué cuando Beatriz, que tambien era
Niña inocente en noble hogar nacida,
Rindió mi voluntad por vez primera.

¿Qué fuerza superior, nunca sentida,
Pudo unirnos con lazos tan estrechos
En los cástos albores de la vida?

Resguardaba la infancia nuestro pecho,
Como resguarda á la ciudad el muro
Contra torpe invasor, siempre en acecho.

Nuestra mútua ignorancia era un seguro
Inexpugnable, misterioso y santo,
Cerrado á todo pensamiento impuro.

¿Cómo ceder pudimos al encanto
De una pasion, en la niñez ignota,
Y cómo en nuestras almas creció tanto?

¿No viste el manantial que gota a gota
La peña horada, y rumoroso emprende
Su curso desde el risco en donde brota,

Que va creciendo al paso que desciende,
Hasta que al fin con desatado brío
Por la vega sus márgenes extiende?

Pues decir puedo que su amor y el mio
Aumentaron tambien con la distancia,
Como el arroyo al trasformarse en rio.

Aquel dulce cariño de la infancia
Encerró mi ventura, como encierra
El virginal capullo su fragancia.

"That Beatrice, likewise an innocent, happy child,
Born in a pleasant home of honor undefiled,
O'ercame my will, and t' love did leave me reconciled.

"What power ne'er felt, superior to the worldly strife,
Could us unite in bonds almost as man and wife,
Though yet it was the pure and happy dawn of life?

"Childhood defends our innocent and tender hearts
As walls the city guards from the invader's arts
And likewise from the ambushed archer's flying darts.

"The mutual ignorance, which in our souls was wrought,
Was an unconquerable insurance, with mysteries fraught,
And closed to all unholy or irreverent thought.

"How could we, when so young, give way to passion's
Unknown to children not inured to life's alarm,   [charm,
And in our childish hearts how could it wax so warm."

"Didst thou not see the spring which from its mural block
Of stone falls drop by drop and hollows out the rock,
And murmuring retakes its course on toward the loch,

"And as the stream augments it doth increase in speed,
Until at last with mighty force it doth proceed,
And wide its boundaries doth extend o'er all the mead?

"Thus I may say her love and mine likewise did grow
With distance, like the brook whose course no bounds did
Till like the mighty river our hearts did overflow. [know,

"That gentle childhood love contained my happiness,
Like that sweet fragrance which the virgin buds compress,
But when the flowers bloom it scents the wilderness.

Hasta creo y mi espíritu se aferra
A tan grata ilusion, que desde el cielo
Amándonos bajamos á la tierra.

Bien sé que cubre impenetrable velo,
Negro como la noche, la memoria
De las gemelas almas sin consuelo,

Que durante su estancia transitoria
Por nuestro valle de dolor, olvidan
Su eden perdido y su pasada gloria.

Mas Dios permite á veces que coincidan
En un mismo recuerdo, y se den cuenta
De los misterios que en su fondo anidan.

Es fugitiva ráfaga que ahuyenta
Las sombras de su mente, como el rayo
Rompe la oscuridad de la tormenta.

Hoy que mi vista inmaterial empleo
En plena luz desde la excelsa cumbre
A dó llegué tras mi postrer desmayo,

Mi duda se convierte en certidumbre,
Y sé que fuimos al cruzar el mundo
Como dos chispas de la misma lumbre.

¿Dónde amor más patético y profundo
Que el nuestro encontrarás, ni cuál ha sido
Tan tímido, callado y pudibundo?

Siempre mi pensamiento confundido
Llegó sin voz hasta los piés de aquella
Que me robaba el alma y el sentido.

"I e'en believe,—and grasps anon my spirit here
At such agreeable illusion,—it doth appear
That loving each other we descend to Tellus' sphere.

"Full well I know that an impenetrable veil,
As black as night, spreads o'er the recollections frail
Of those twin souls, outside of consolation's pale ;

"That during all their transitory stay and worry
While passing through this vale of tears forget the story
Of how their eden they have lost, and their past glory.

"But God permits, at times, that they may yet concur
The same remembrance in, and may the tale aver :—
The mysteries of its depth which they now harbinger.

"It is the fugitive gust that banishes the cloud
From out the mind, like thunderbolt that peals aloud,
And lights cimerian tempests which the land enshroud.

"To-day expands afar my incorporeal sight
Where, in the full transcending gleam of radiant light,
Arrived I after my last swoon, from lofty height.

"To certitude I am uplifted from the mire
Of doubt, and know that when we walked in world's attire
We were like two bright sparks sent from the selfsame fire.

"Oh ! where couldst thou then find in all the lovely bowers
A more pathetic and deep love, among earth's flowers,
So timid, silent, and so modest as was ours?

"My thoughts, confused, always arrived without the art
Of utt'rance at the feet of her whose Cupid's dart
Had likewise robbed me of my reason and my heart.

Jamás oyó la cándida doncella,
Concepto alguno, que asomar los rojos
Matices del pudor hiciese en ella.

Mis penas, mis afanes, mis antojos,
Mis secretas zozobras expresaba
Con el mudo lenguaje de los ojos,

Y sin hablar, sin que mi lengua esclava
De ruin temor, se aventurase al ruego,
Ella mi puro amor adivinaba.

Postrábame mortal desasosiego
Ante la majestad de su hermosura
Que me dejaba trastornado y ciego.

Pero despues, cuando la noche oscura,
De rutilantes astros coronada,
Excitaba mi fiebre y mi locura;

Cuando solo en mi hogar, con la mirada
Fija en el ancho espacio tenebroso,
Do esplendía la imágen de mi amada,

Buscaba en el silencio y el reposo
Lenitivo á mi mal ¡cuán tristes quejas
Exhalaba mi pecho congojoso!

Como al panal acuden las abejas,
Volaban á Beatriz mis pensamientos
Al través de los muros y las rejas,

Y en la noche callada, en los momentos
En que soltaba sus cabellos de oro,
Turbaban su quietud vagos acentos.

"Whatever little thought the simple maiden heard,
The shades of modesty upon her cheeks occurred
Like crystal pool ensanguined by the wounded bird.

"My pains; my deep anxieties which did arise;
My secret cravings, and uneasiness likewise,
Expressed I with the secret longings of mine eyes.

"And without uttering to her a word my eyne [decline,
Would tell that which my tongue, thro' cowardice, would
And my pure love through them she would divine.

"The mortal hours of restlessness prostrated me
Before the beauty of her glorious majesty,
And left me sore confused; so blind I could not see.
              [stars
"But later when the dark night, crowned with brilliant
Which twinkled thro' the ambient gloom like crystal bars,
Excited my madness; (as if possessed of rabid scars)

"When quiet and alone in my own dwelling place,
And with the gaze fixed in the broad tenebrious space
Where brightly shone the image of my loved one's face,

"I sought in peace and silence a mitigant for my pain.
Ah me! my heart oppressed so bitterly did complain
As though it would no longer bear the fearful strain!

"As fly the bees to honey-comb from out the dew,
So my wild thoughts from worldly woes to Beatrice flew,
And penetrated the gloomy walls and iron bars through.

"And in the silent night I saw my loved confrere
While in the moments when she loosed her golden hair
Vague sounds disturbed her peace, like voices in the air.

Era quizás que en invisible coro
Mis ardientes suspiros á su lado
Revolaban diciéndole :—¡ Te adoro !

Alguna vez en mi infeliz estado
La voz del corazon secreta y honda,
Gritaba :—¡ Valor ! que eres amado ;

Mas no cobarde tu pasion se esconda,
Ni quieras que la vírgen inocente
A tu silencio, impúdica, responda.

Entónces, llena de ilusion la mente,
De Beatriz á la mansion cercana
Animoso corria y diligente.

Pero al llegar al pié de su ventana,
Confuso y sin valor retrocedia
Diciendo :—¡ Es pronto ! Volveré mañana.—

Y no lució jamás propicio el dia
Para mi amor, que atormentado y preso
En mí, como un Titan, se revolvía.

Quizá sin la flaqueza que confieso,
Se fundieran en éxtasis divino
Nuestras dos existencias en un beso.

Mas ¡ Ay ! que un dia inesperado vino
A dejarme la muerte pavorosa
Solo y triste en mitad de mi camino.

Aquella voz que trémula, indecisa,
Llegaba á mí como lejano canto
De la noche, en las alas de la brisa ;

"'May be that in a chorus mine ardent sighs did soar,
Invisible as the moaning wind which that sound bore
Unto her side, and said to her: 'Thee I adore!'

"'There was a time, in my unhappy and sad state,
In which the innermost voice of my heart did generate
The cry: 'Courage! thou art loved! such is thy fate!

"''But do not cowardly conceal thy love, nor swerve
Thro' fear, nor let the maiden fair thy silence observe,
But to her every word respond with unreserve.'

"My mind was then filled with illusions gleaming bright,
And bravely I repaired with haste into the night
And soon the neighboring home of Beatrice was in sight,

"But when beneath her window there returned my sorrow,
And thus confused I turned and did more sadness borrow
When this I said: ''T is hasty! I'll return to-morrow!'

"But never for my love propitiously shone the day
Which like a Titan deep within my bosom lay
Imprisoned there and yet tormenting me alway.

"Who knows but that without the failing I confess,
Our beings in eternity would coalesce
In one divine embrace, where woes no more oppress?

"But then, alas! grim Death came unannounced one day
To leave me sadly here beside her lifeless clay,
And in my journey's midst I all alone must stray.

"That voice which tremulous as in Hesperides,
Yet undecided, reached my ears from 'mong the trees
Like distant song of night upon the wings of the breeze.

Todo al compas de mi abundoso llanto,
Pasó ante mí como fugaz centella,
Y aún pienso en aquel dia con espanto.

La muerte misma la encontró tan bella,
Que al trasplantarla á mundos superiores
Su hálito destructor no imprimió en ella.

Yo la ví á los siniestros resplandores
De blanco cirio, al parecer dormida,
La sien orlada de olorosas flores,

Y en su apacible faz descolorida
Posé temblando un ósculo...... ¡ el primero
Y único beso que le dí en mi vida !

¡ Ay ! cómo pude resistir al fiero
Y rudo embate de tan dura prueba,
Ni lo he sabido, ni saberlo quiero.

Porque el pesar que amortiguado lleva,
Mas no extinguido el corazon, es llaga
Que al calor del recuerdo se renueva.

Bajo el influjo de mi suerte aciaga
Caminaba al azar y sin concierto,
Como loco infeliz que absorto vaga.

El mundo estaba para mí desierto,
Sin luz el sol, naturaleza muda,
Y yo no acongojado, sino muerto,

Porque no vive el alma que desnuda
De todo bien, frenética se lanza
En los negros abismos de la duda.

"It passed me by in the compass of my grief that night
And penetrated my tears like a fleeting flash of light,
And even yet I think upon that day with fright.

"She was so good and beautiful when found by Death
That he, transporting her to worlds superior, saith:
'Thou shalt be spared the imprint of my blasting breath.'

"I saw her lie as if reposing on her bed,
Beneath the sinister gleam of white wax candles—dead;
Her pallid temple was with fragrant flowers spread,

"And I upon her peaceful visage did bestow
A trembling kiss which did with passionate fervor glow;
The first to her that from my lips did ever flow.

"Alas! I know not how it was I could withstand
The terrible blow which such a trial did demand,
And e'en to-day know not nor care to understand,

"For grief which in the heart is borne, subdued although
It be, but not extinct, is as a wound (made by cauteau)
Which once more opes at memory's ardent glow.

"Influenced by my sad and melancholy fate
Like imbecile I wandered 'neath my heavy weight
And roved about absorbed in thought from morn till late.

"To me the world was void; the sun no light did send;
Deserted nature did in awful silence blend,
And all I wished or hoped for was for life to end;

"Because the soul, which of its treasures fates deprive,
Into the dark abyss frenetically doth dive
Where Doubt's dark shade abides, and where none can
[survive.

¡ Cuán desgraciado fuí ! Mas ¿ do no alcanza
La clemencia de Dios que nos envía
Tras la sorda tormenta la bonanza?

Una noche de insomnio y agonía
En que arrastrado por la indócil ola
Del dolor, retorciéndome gemía ;

Cuando más ciega, abandonada y sola
Pugnaba mi razon contra la pena
En que la fé del hombre se acrisola,

La imágen de Beatriz dulce y serena
Apareció á mis ojos de improviso,
De celestiales resplandores llena.

Dios, de mis ánsias apiadado, quiso
Poner fin á mi inmensa pesadumbre
Con aquella Vision del Paraíso.

Rodeada de ráfagas de lumbre
Y envuelta en su flotante vestidura,
Sin mancha, como nieve de la cumbre,

Bajó hasta mí la virginal figura,
Para alumbrar mi espíritu sombrío
Con un rayo de angélica ternura.

Tres veces, en mi loco desvarío,
Convulso incorporándome en el lecho,
Quise abrazarla y abracé el vacío,

Y de su imágen al través, deshecho
En un raudal de lágrimas, tres veces
Sentí caer mis brazos sobre el pecho.

"How sad I was! but where does not God's clemency
Extend, or where, to follow the surd storm, does he
Not send to man beneficent prosperity?

"One night in sleeplessness and anguish sore I passed,
And dragged along on the ungentle wave at last
I lay in moans, nor yet my writhing could avast.

"And when my reason was most blinded and forsaken;
When singly fighting 'gainst the course which sorrow 'd
    taken;
The sorrow which man's faith, all purified, doth waken,

"The image of Beatrice, gentle and serene, appeared
With suddenness before mine eyes, her visage weired,
And in celestial splendor my humble couch she neared.

"God, filled with pity for mine anguish, this device
Did take my grief to melt, as fire consumes the ice,
And soothed my sorrows with that view of Paradise.

"I found myself encompassed 'round with clouds of fire,
And was enveloped in her flowing robes entire;
Those robes which spotless were as snow on towering spire.

"The virgin figure to my side descended down,
My spirit to enlighten, and my gloom to drown
With ray of golden light as from a gleaming crown.

"Three times in my delirium did I see her face;
Three times, while upright seated, her tried I to embrace;
And three times did my arms but sweep thro' empty space;

"And three times faded from my sight th' angelic guest
While in a flood of tears would melt the form so blest,
And I could only feel my arms sink on my breast.

—El cielo, oyendo tus contínuas preces,
—Exclamó la Vision—volverte anhela
El perdido reposo que apeteces,

Y tornó á tí, como afanosa vuela
El ave errante al silencioso nido
Donde el esposo sin ventura, vela.

Porque en el seno de la gloria ha sido,
Pensando en tu afliccion, triste mi estancia,
Y turbaba su paz con mi gemido.

Cediendo compasiva á tu constancia,
Que no pudieron quebrantar la suerte,
Ni el tiempo, ni el rigor, ni la distancia;

Como en debido premio acudo á verte
Y por órden altísima te digo
Que tu amor ha triunfado de la muerte.

Con luz del cielo á esclarecer me obligo
Tu espíritu gigante, y por do quiera
Que vayas, siempre me verás contigo.

Cuando sigas la senda verdadera,
—¡Avanza!—te diré—que el bien nos guía;—
Y cuando empiece á dudar:—¡Espera!—

Y tu alma, en mi amorosa compañía,
Subirá más porque tendrá dos alas
Para elevarse á Dios: tu fé y la mía.

Vestiré para tí nupciales galas,
Seré tu esposa mística, y mi mano
Te sostendrá en el mundo, si resbalas.

"'The heavens, hearing thy unceasing prayer, doth save,'
Exclaimed the Vision, 'from the darknesss of the grave,
And seek to give thee back the lost peace thou dost crave.

"'I have returned to thee like a bird from the golden west,
Which with solicitude doth fly to th' silent nest,
From accident guarded by its consort's feathered breast,

"'Because, while in the home of glory, my sojourn
Was sad, for thinking of thy woes my soul did burn
With lamentations, and my peace would not return;

"'And with compassion yielded to thy long constánce
Which neither fate nor time, nor darkling storm's advance
Could break, nor e'en the deep and silent tomb's distánce.

"'And as thy just reward, upon the zephyr's breath
I come to tell thee, by supreme command, what saith
To thee the spirit: *Thy love hath triumphed over death*!

"'I take it on myself to enlighten thy great mind
With heavenly light, and where thou goest thou shalt find
Me with thee always. Long, too long, thou hast repined!

"'When on the real pathway fear not with aught to cope.
Advance! for goodness supreme doth guide us down the
    slope
Of life, and when thou dost begin to doubt, then—hope!

"'Thy soul in my affection's company shall shine
More bright, and even rise above the mystic Nine.
Two wings 't will have to rise to God:—thy faith and mine.

"'I shall adorn myself in nuptial robes for thee
And I thy mystic spouse and spiritual guide will be,
And when thou falterest thine aid will come from me.

Te mostraré lo incógnito, lo arcano,
Tu mente llegará donde no pudo
Llegar jamás el pensamiento humano.

Y unido á tí por invisible nudo,
En las recias batallas de la vida
Tú la espada serás y yo el escudo.—

Esto dijo, y su voz siempre querida,
Vibró en mi corazon, como las notas
De un arpa por los ángeles tañida.

Despertaron en mí fuerzas ignotas:
Sentí al impulso de su acento tierno
Las ligaduras de mi carne rotas,

Y traspasé las puertas del *Infierno*,
Y con espanto ví de los precitos
La fiera angustia y el suplicio eterno.

Y horripilado percibí los gritos
Que arrancaba á las almas pecadoras
La tremenda expiacion de sus delitos.

Y cuando en aquel antro sin auroras,
Cerrado para siempre á la esperanza,
Donde son siglos de dolor las horas,

Invencible y tenaz desconfianza
Sujetaba mis piés, ó el terror ciego
Que nunca el hombre á dominar alcanza

Virgilio, mi mentor, uniendo al ruego
El nombre de Beatriz, romper me hacía
Olas de sangre y límites de fuego.

"'I shall explain to thee (and to thyself alone)
Whatever there is dark and to the world unknown.
Thy mind shall soar where human thought has never flown,

"'And by an invisible tie united as thy wife,
Thou the sword shalt be and I the shield through life
To fight its fiercest battles and to quell its strife.'

"And thus she spoke; her voice always beloved so much
Vibrated ever in my heart, and sounded such
Methought 't was like the notes of harps at angel's touch.

"Within me woke an unknown power—I knew no pain,—
Beneath the influence of her voice,—like gentle rain,—
It seemed the ligatures of my flesh were rent in twain;

"And passing through the portals to *Inferno's* land
I saw a throng in anguish, and all the region scanned,
And everywhere beheld the punishment of the damned.

"And horrified I heard ascend the cries and doles,
The awful expiation which their guilt unrolls,
And which for aye is wrested from their sinful souls.

"And when inside that den, without the dawn of day,
From every hope shut out; forever there to stay
Where hours are centuries of repentance which last for ay,

"There o'er me came an invisible and tenacious distrust,
Or the blind dread which man can never from him thrust,
Which then was holding my feet, subjected, to the dust.

"But Virgil, my mentor, uniting to his entreaty the name
Of Beatrice, made me fiiercely break, with loud acclaim,
Through waves of blood and limits of the wall of flame.

Mas no tan solo en la region sombría
Del llanto penetré : siempre guiado
Por mis sueños de amor y poesía,

Subí tambien al círculo apartado
Donde las almas con ferviente anhelo
Esperan el perdon de su pecado ;

Y léjos ya de la mansion del duelo,
Visité, libre de temor impuro,
Las esferas espléndidas del cielo.—

Dijo Dante, y alzándose del duro
Tronco, emprendió de nuevo la jornada
Con ánimo resuelto y pié seguro.

Yo, en lucha misteriosa y prolongada
Con el mudo tropel de mis ideas,
Al través le seguí de la enramada.

De repente exclamó :—¡ Bendita seas,
Santa ilusíon que nuestra pobre vida
Dignificas, levantas y hermoseas !

Sin tí, nuestra conciencia sumergida
En tenebroso y perdurable encierro,
Gimiera en un abismo sin salida.

Solo por tí, mi voluntad de hierro
Pudo sufrir la adversidad terrena
Y no morir de angustia en el destierro.

Sostenido por tí, subí sin pena,
Pero no sin orgullo, los peldaños
Tan tristes ¡ ay ! de la escalera ajena.

"And I to the gloomy regions of Lamentations fled,
Tho' not alone, for thro' these rueful realms of dread
I always was by dreams of love and poetry led.

"I also climbed unto the circle set apart
For souls who wait with fervent eagerness of heart
Till angels shall the pardon of their sins impart.

"Now far away from th' realm of mourning and of sighs,
And free from all contemptible fear, without disguise,
I found me where the glorious spheres of heaven rise."

Thus Dante spoke, and, rising from the rough tree's root,
On thro' the frowning forest his course he quickly put
With resolute courage and a firm unfalt'ring foot.

And I, in a mysterious struggle, my thoughts confined
To things obscure, and thus confused, the reason blind,
Did follow him along where tangled thickets wind.

But of a sudden he exclaimed: "Blest shalt thou be
O, holy illusion that dignifiest and setest free;
That beautifiest and elevatest such as we.

"Without thee would our conscience submerge in darkest
Where in imprisonment, until the day of doom,   [gloom,
'T would mourn in an abyss as exitless as the tomb.

"For thee alone my will of iron could bear revile;
To worldly adversities itself would reconcile,
And yet thro' all not die of anguish in exile.

"Upheld by thee I climbed, sans pain and unawares,
Tho' not without more pride than the dull world declares,
The dark and gloomy steps, alas! of a stranger's stairs.

Y en la rauda corriente de mis años,
Soporté con firmeza soberana
La injusticia de propios y de extraños.

¡ Ay ! Si al hundirme en la miseria humana
No columbrara en lontananza el puerto
Y la costa segura, aunque lejana ;

Si en medio del mundano desconcierto
No hubiese á veces mi razon confusa
Entrevisto el oásis del desierto ;

Privado de la paz que no rehusa
A las almas la fé, tú hubieras sido
¡ Oh desesperacion ! mi única Musa.—

Yo seguía escuchando embebecido
Las austeras palabras del Maestro,
Mi pasada inquietud dando al olvido.

El bosque, á cada instante, más siniestro
Se presentaba, y la escabrosa ruta
Más estrecha y hostil al paso nuestro.

Paró por fin mi marcha irresoluta,
Salvando de improviso los abrojos
Que la boca cerraban de una gruta,

Feroz pantera, cuyos turbios ojos
Relucían inquietos en la densa
Oscuridad, como carbones rojos.

Rasgando el aire con su voz inmensa,
Cual si estuviese contra mí en acecho,
Descuidado cogióme y sin defensa.

"And in the rapid current of my waning years
I bore, with supreme firmness, 'cross the flood of tears
My own deep wrongs and those likewise of my compeers.

"Alas! when I plunged in humanity's deep dismay
If I had not discerned in the far distant bay
The shelt'ring port and pleasant coast, tho' far away;

"If in the midst of all my mundane disconcért
My reason, tho' confused, did not at times revert
Unto the fair oasis in the drear desért;

"Deprived of precious peace, which faith doth not refuse
Unto the souls, thou wouldst have been (didst thou but
O, dark and ominous Despair, my only Muse." [choose)

I still continued list'ning with amazement to
The austere words—those which the Master did pursue—
And left t' oblivion what my past anxiety knew.

But at each instant more forbidding seemed the wold
And yet more rugged was the route among the mold,
And still more difficult our pathway we behold.

Emerging suddenly from where the thistles rise
That closed the entrance,'yond which a gloomy cavern lies,
I saw a huge ferocious panther whose fierce eyes,

In that dense darkness which surrounded us, did dance
Like coals of fire, and which anon my soul did lance
With fear which halted my irresolute advance.

With his tremendous voice rending the elements he,
As if expressly there concealed in wait for me,
Upon me, unawares, did spring with savage glee.

Su aguda zarpa destrozó mi pecho,
Grité azorado, y á mi propio grito
Desperté, revolcándome en el lecho.

—¡Luz, dadme luz!—clamé con infinito
Afan, con el afan del moribundo
A quien mira su culpa de hito en hito.

—Sin el vivo calor, sin el fecundo
Rayo de la ilusion consoladora,
¿Qué fuera de la vida y qué del mundo?

¡Léjos de mí las sombras que á deshora
Llenan de espanto la conciencia humana!
Y al decir esto, penetró la aurora
En torrentes de luz por mi ventana.

DON GASPAR NUÑEZ DE ARCE

His long sharp pointed claws sank deep within my breast,
And screaming in my frenzy I made a loud protest,
But rolling on my couch awoke with heaving chest.

"Light! Oh! give me light!" exclaimed I, "if thou wilt!"
As cries the dying when they feel the dagger's hilt,
And who with widely staring eyes behold their guilt.

Without the constant glow, to mortals here unfurled,
And fertile ray of bright illusion 'round us curled,
What would become of man, and what would be the world?

Begone from me ye dark and gloomy shades of night
Which in an evil hour the human conscience fright!
And when I thus had spoke I saw the dawn gleam bright
And thro' my window came the day in floods of light.

MISCELLANEOUS
TRANSLATIONS IN RHYME.
FROM MEXICAN AUTHORS.

ESPERANZA.

La miré, la miré entre las sombras
De esa noche tan triste y callada,
Descender hasta mí silenciosa
Y plégar un momento las alas,
Apagaron su funebre canto
Las cuerdas del arpa,
Y sentí disiparse de pronto
Las profundas tinieblas de mi alma.
Era ella, la pálida musa;
Era ella, la dulce esperanza;
Que tan sólo un momento, á mi lado
Detuvo la planta.
Y después...se marchó fugitiva
En el rayo de luz que bañaba
Con inciertos fulgores y vagos
La estrecha ventana.
. . . .
¡Qué sombrío, qué triste, qué mudo
Me has dejado, fugaz esperanza!
Ya volvieron las sombras profundas
A reinar otra vez en mi alma!
Ya sollozan de nuevo las cuerdas
Vibrantes del arpa!
¡Oh ilusión impalpable, oh alondra
Que vuela, que canta!
¡Leve musa ideal, esplendente aurora del alma!
¡Blanca flor que perfuma la vida con suave fragancia
¡Mariposa de alas de oro,
Primavera inmortal; esperanza!
¡Vuelve pronto! Te esperan las sombras
Profundas de mi alma,
Y te anhelan mis hondas tristezas.
¡Vuelve pronto, inmortal esperanza!

FRANCISCO M. DE OLAGUIBEL.

HOPE.

I saw her—I saw her amidst the shades
    Of that calm and tristful night,
Descending so silently down to my side
    From away in the realms of light;
And the harp-cords, as she folded a moment her wings,
    Ceased from their mournful tune,
While the dark clouds of woe dispersed from my soul
    Admitting the breath of June.

It was she—it was she, the pallid muse;
    It was she, the fair, sweet Hope,
Who paused for a moment at my side,
    Like a mystic heliotrope,
And then through the narrow window she fled
    In the gleaming rays of light,
And away through the fields of painted air
    She wings her uncertain flight.

How gloomy, how weary, how silent and sad
    Thou hast left me fugacious Hope;
The black clouds return to rule in my soul
    And again in the darkness I grope;
Again the vibrating strings of the harp
    Repeat their mournful lay,
O, sweet delusive lark that flies
    Across my gloomy way.

O, shining—O, gleaming dawn of my soul;
    O, fragrant enchanting flower;
Thou butterfly with the golden wings,
    Return to my lonely bower;
For I wait in my sorrow, immortal Hope,
    And silently long for thee
To hasten and scatter the shades of my night
    And return that vision to me.

¡NUNCA!

En el piélago insondable
Que el éter de azul colora,
Donde navegan los astros
Por las régiones ignotas,
Dos estrellas diamantinas,
Mundos de almas que lloran
Desdichas de sus amores,
Penas de amarga memoria,
Recorrer distintas órbitas
Por toda una eternidad,
Sin unirse una vez sola.
   Cuando la muerte nos llame
En la ineludible hora
En que el alma desencarna
Y su libertad recobra,
Tú volverás á la una.
Yo despertaré en la otra,
Y en aquellas dos estrellas
Nuestras almas, que se adoran,
Harán su eterno viaje
Sin unirse una vez sola.
   Acabarán las edades;
Después de los tiempos, rotas
Quedarán las diamantinas
Estrellas que nos recojan;
Polvo será el universo;
La creacion, mudas sombras,
Y sobre aquel cataclismo,
Mar de la nada sin olas,
Flotará la pasión nuestra,
Como la vela que flota
Sobre la rugiente espuma
Que la tempestad azota,

NEVER!

In the unfathomable dome
Where the shining stars do roam;
Where, tinted by the ether blue,
Through an unknown avenue,
Two adamantine planets keep
Worlds of weary souls that weep
Of bitter memories above,
Unhappy in their lonely love;
For separate shall their wand'rings be
Through infinite eternity:

Though ever in each other's sight
They are forbid to e'er unite.

Ah! then when death shall near us lour,
In that inevitable hour
In which our souls from earth shall fly
Away to planets in the sky,
Thou to one thy flight shalt take
And I upon another wake;
While each upon a separate star
Those souls forever parted are,
And journey on their worlds of light
But ne'er again shall they unite.

The years shall cease; the age be spent:
The adamantine stars be rent.
And all things time will then absterse
For dust will be the universe;
Creation shall to shades resolve,
And cataclysms shall involve
The vapors in a drifting brume
Which endless time will not consume.

Y en el eterno silencio
Dos ayes, las tristes notas
De nuestro amor ya imposible,
Gemíran como una sola.

JOSÉ PIUG PEREZ

SONETO.

A mi Querido Amigo y Maestro Manuel Domínguez

Sabiendo como sé, que en esta vida
  Todo es llanto, tristeza y amargura,
  Y que no hay ni siquiera una criatura
Que no lamente una ilusión perdida.

Sabiendo que la dicha apetecida
  Es la sombra y no más de una impostura,
  Y que la sóla aspiración segura
Es la que al sueño eterno nos convida:

Mi voz no puede levantar su acento
  Para desearte á más de los que tienes,
Otros años de lucha y sufrimiento;
  Pero mi voz te da sus parabienes
Porque sé que hasta el último momento
  Brillará la honradez sobre tus sienes.

MANUEL ACUÑA.

And as a sail our love will roam
Aeonian midst the silent foam ;
And our two souls shall ever moan
As one—desolate and alone.

SONNET.

To my Beloved Friend and Master Manuel Domínguez.

Knowing as I that in this earthly bourne
   All is sadness, bitterness and woe,
   And that there 's not a being whom we know
That does not o'er some lost illusion mourn ;

Knowing that the joys for which we weep
   Are like unto a fraud, and nothing more,
   And all that 's sure, to which our minds may soar,
Is what allures to our eternal sleep ;

My voice its accents can no longer raise
   To wish thee other years amid the brine
In which thou strugglest, or other days
   Of suffering. But yet this voice of mine
Congratulation gives and endless praise
   To thee whose honesty will ever shine.

CANCION.

Ah que más gloria
Que estar al lado tuyo
Y gozar de la luz de tu mirada
De esa pasion ardiente y arrebatada
Donde mi alma con la tuya encadenó
Cuando en mi afecto puro y amoroso
Te confies á mi alma cariñosa
Que no ama otra jóven mas que á tí.

SONG.

Ah ! to me what greater glory
   Than to be ever at thy side,
And read within thine eyes the story
   Of love which doth in them abide.

Enraptured in thy adoration,
   When thy thoughts shall be as mine,
In my pure love and warm affection
   Where linked my soul was e'en with thine.

When thou confid'st in my devotion
   My heart will ever happy be ;
My love be boundless as the ocean
   And none e'er admire but thee.

POEMS
OF
MANUEL ACUÑA

MANUEL ACUÑA

AND

HIS POETIC SIGNIFICATION.

It becomes a vexatious and difficult task,—the one we undertake,—in wishing to formulate, in a few lines, an exact opinion concerning the life and poems of the inspired Mexican bard, Mannuel Acuña. His conditions are so extraordinary and varied; the prisms under which one can study him, so different; the observations to which his writings give rise, so multiple; his poetic endowments, so exalted; his thoughts so delicate, yet, at the same time so deep, that one would require a space vastly greater than that of a simple sketch to study his work with the extension and detention which, on account of its merit, it deserves.

We shall endeavor, nevertheless, to give to this very brief work the greatest possible clearness, first making it evident that we do it with the greatest satisfaction, as much to contribute, on our part, to the greatest glory and splendor of the Mexican literature, as to demonstrate that in the brilliant heavens of art disappear the passions and rivalries of nationality and politics, leaving only kindred souls and twin spirits with the same sentiments, equal desires and identical aspirations: this, the modest homage paid to the inspired Mexican poet by a son of that Spain which Acuña, in his pure and honorable patriotism, regarded with prevention, and may be with rancor.

The times of discords have passed, and to-day remain only people who love one another as those in whose veins the same blood flows, and who have a common origin, cannot help.

An affectionate and enthusiastic heart; an inspired and ardent imagination; a perspicuous and exceedingly clear judgement: such are the gifts with which nature endowed the unfortunate Acuña: gifts which very rarely are united in one individual, and which, to state the truth, we do not venture to declare whether he who combines them possesses them for his happiness or for his unhappiness.

A descendant of an humble family, Manuel Acuña was born at Saltillo, Mexico, on the 27th of August, 1849. His parents, Don Francisco, and Doña Refugio Narro Acuña, charged themselves personally to give him the rudiments relative to his primary instruction, inculcating into the heart of the young pupil, so predisposed to the tender sentiments, that filial love, so refined, of which he gave such repeated proofs during his lifetime, that it causes him to exclaim with ingeniousness and fervor in one of his poems:

> * "Mi madre, la que vive todavía,
> Puesto que vivo yo;"

an exquisite phrase which encloses a whole poem of abnegation and affection.

In 1865 Acuña removed to the capital with the object of devoting himself to the higher studies, entering, in 1866, the School of Medicine, where he put in relief his vehement love of study, while his clear intelligence, made rapid and thorough progress in the different lecture courses of his profession.

But this indefatigable eagerness which dominated him, in order to acquire knowledge and explore the sciences, was no obstacle for his exuberant imagination to direct itself also with a lofty flight to the fields of literature and poetry; a field in which he was not slow in reaping glorious laurels, and in which he would also have attained abundant fruits if a sad and premature death had not torn him from his friends, whose charm he was, and from his fatherland of which, with justice, he was the pride and ornament.

Of an untiring activity, and powerful inventive faculty, he infiltrated his spirit and his intellectual vigor everywhere, especially into the youths that surrounded him, and succeeded in founding the literary society of "Netzahualcoyolt," in memory of the celebrated savant and poet of Texcoco, in the time of the conquest; a society which became a real academy in Mexico, and which exercised in all the land a most honorable literary influence. In this society he made his poems known. One of the first which then saw the light was the one dedicated to the "Philharmonic Society," at its installation, in which composition Acuña already proved himself the courageous poet protector of civilization

---

*The complete poems from which these extracts are taken appear in the following pages together with the English translation.

and progress, when he addresses himself, in an energetic apostrophe to the spirits of Scipio, Cyrus, Cæsar and Alexander, and exclaims with haughtiness:

> "Vuestros nombres sublimes
> No hacen arder la sangre de mis venas;
> Yo canto á Atenas enseñando á Roma,
> No canto á Roma conquistando á Atenas."

The young poet then published several poems in succession, and all were received with rejoicing, and applauded by his compatriots; but borne by his intellectual vigor to wrestle in a more ample sphere, for which, naturally, he had the spirit, he wrote his celebrated drama, "El Pasado," which was to bring him such glorious fame. But then occurred to him what happens to all new authors who have not a powerful protector to represent their work, be it good or bad. He gave the manuscript to the actors who, after three months, returned it without reading; and Acuña discouraged by such deception, did not remember the work again until two years after when Doña Pilar Belaval played it for the first time at her benefit on the 9th of May, 1872, obtaining an extraordinary success, which has been repeated later, as often as the drama was put on the stage.

But this glory, it may be said, came late to the inspired poet. One of his most ardent wishes, in coveting applause and laurels which his compatriots showered upon him, was to honor and give joy to his parents to whom he professed a boundless affection, and when the crowns and garlands arrived to reward the vigils and inspirations of the author of "El Pasado," Acuña, disappointed and sad, covered with them the grave of his father, who a few months before had left the world.

It was under the burden of this misfortune that Acuna wrote his magnificent poem entitled "Lágrimas," which is a model of tenderness and filial love.

No one believed, however, that that young man, so full of life and hope, whose poems were the charm and admiration of his contemporaries, was so soon to follow the author of his days to the tomb, but thus, unfortunately, it happened. On the 6th of December, 1873, the day that until then was a day of rest for Mexican learning, the poet laureate, who had just brilliantly finished the fourth year of Medicine, took his life, overwhelming with grief the heart of his sorrowing mother and those of his numerous friends.

What cause could have impelled the unfortunate Acuña to come to such a fatal resolution, when hardly at the gates of life where already glimmered a future of glory and hope? Whatever the determining motives may have been for such a sad occurrence, for us it is beyond doubt that the principal cause was that in Acuna there were two distinct beings; two antithetical principles which, like the poles of a voltaic battery, repelled each other, and which, like these, had to determine the destroying explosion of the poet's existence.

Acuña carried in his heart and in his brain the two capital principals which determine, without repose, the terrible struggle in modern society. An idealist of temperament, a dreamer, a true poet; his earnest desires, his aspirations, his eagerness, are all undermined and destroyed by his materialistic studies, determining in him that order of illusions which lead him, as if by the hand, to the borders of the grave.

What we say is very clearly manifested in his highly beautiful composition, "Entonces y Hoy." He is, in the first part, the painter of happiness and tranquil felicity, as may be judged by the following lines:

> " La madreselva alzando entre las rejas
> su tallo trepador,
> Enlazaba sus ramas y sus hojas
> en grata confusión,
> Formando un cortinaje, en el que habia
> por cada hoja una flor,
> En cada flor una gotita de agua,
> y en cada gota un sol."

And then he ends by saying with the sadness peculiar to the unhappy:

> "Bajo el cielo nublado de mi vida,
> donde esa luz murió,
> ¿Qué hará este mundo de los sueños mios?
> qué hará mi corazón?

The same contrast; the same progressive despondency; the same death of his illusions, can be noticed in comparing his two poems, "Esperanza," and "Nocturno." In the former the brave spirit animates his heart telling it in a strophe of elegant simplicity and harmony:

> "Ya es hora de que altivas,
>   Tus alas surquen el azul como antes ;
> Ya es hora de que vivas,
> Ya es hora de que cantes ;
> Ya es hora de que enciendas en el ara
>   La blanca luz de las antorchas muertas,
> Y de que abras tu templo a la que viene,
>   En nombre del amor, ante tus puertas."

And in the latter, already resolved to leave the mortal coil which so hindered his lofty mind, he exclaims with the mournful plaint and sad desperation of the dying swain :

> "Adios por la vez última
>   amor de mis amores,
> La luz de mis tinieblas,
>   la esencia de mis flores,
> Mi lira de poeta,
>   mi juventud, adios !"

This poem, so extremely beautiful, a model of facility and sentiment, shows, besides the great poetic talent of Acuna, his exquisite sensibility, his generous heart, and his noble and honest aspirations. One can not read, without feeling the tears start from their fountains, these two apostrophes in which are seen at the same time the talent and the heart of the unfortunate Acuna :

> "Y luego, que ya estaba
>   concluido tu santuario ;
> Tu lámpara encendida,
>   tu velo en el altar,
> El sol de la mañana
>   detras del companario,
> Y abierta alla á lo léjos,
>   la puerta del hogar....
>
> Que hermoso hubiera sido
>   vivir bajo aquel techo
> Los dos unidos siempre
>   y amándonos los dos :
> Tu siempre enamorada,
>   yo siempre satisfecho,
> Los dos una sola alma,
>   los dos un solo pecho,
> Y en medio de nosotros
>   mi madre como un Dios.

We would never finish if we were to continue citing the beautiful thoughts ; the beautiful descriptions, and the brilliant outlines which enrich, as precious stones, the crown of Acuna. We will leave to the readers the pleasure of perusing some of his best productions, but will not pass over in silence his magnificent composition, "Ante un Cadaver," which is, without dispute, the best one of his poems in the book. In it Acuna shows himself, besides the original and most tender poet, the man of modern ideas, of civilization and progress,—although imbued with materialism,—and also in other poesies that mind oppressed by sorrow, for which the body is nothing but "the prison which retains the soul in its sorrow," and which seems to carry with it the nostalgia of death.

There can be no more beautiful or better expressed thought than the following:

> "Y en medio de esos cambios interiores,
> Tu cráneo lleno de una nueva vida,
> En vez de pensamientos dará flores
>
> En cuyo caliz brillará escondida
> La lágrima, tal vez con que tu amada
> Acompañó el adios de tu partida."

In brief Manuel Acuña, aside from some slight errors which are noticed in the poems of his first epoch, and aside from his injustice and susceptibility when speaking of Don José Zorrilla, whose genius we all must respect, deserves to rank in the first order of Mexican poets. It causes admiration as well as sorrow, considering what he could have accomplished during a laborious life in which, hardly entered, he had already conquered a crown of brilliant fame.

The poetic significance of Manuel Acuña is very great. He represents better than any one the literary regeneration of Mexico after the war of intervention and of the empire. His activity; his imagination; his immense value, greatly influenced that juvenile generation which was to become the basis of the literary regeneration of his native land.

The poems of Acuña will always be read with admiration in all the limits of the earth in which the beautiful Spanish language is spoken, and the memory of the immortal poet will be an eternally brilliant star to the Mexican people, the chosen son of the Spanish race.

FERNANDO SOLDEVILLA.

LÁGRIMAS.

Á LA MEMORIA DE MI PADRE.

"Quum subit illius tristissima noctis imago
Quæ mihi supremum tempus in urbe fuit:
Quum repeto noctum, qua tot mihi cara reliqui
Labitur ex oculis nunc quoque gutta meis"
OVIDO, Elegía iii.

Aun era yo muy niño, cuando un día,
Cogiendo mi cabeza entre sus manos
Y llorando á la vez que me veía
"Adiós! Adiós!" me dijo;
Desde este instante un horizonte nuevo
Se presenta á tus ojos;
Vas á buscar la fuente
Donde apagar la sed que te devora;
Marcha......y cuando mañana
Al mal que aun no conoces
Ofrezcas de tu llanto las primicias,
Ten valor y esperanza,
Anima el paso tardo,
Y mientras llega de tu vuelta la hora,
Ama un poco á tu padre que te adora,
Y ten valor y. .marcha...yo te aguardo.

Así me dijo, y confundiendo en uno
Su sollozo y el mío,
Me dió un beso en la frente...
Sus brazos me estrecharon..

TEARS.

TO THE MEMORY OF MY FATHER.

> "Quum subit illius tristissima noctis imago
> Quæ mihi supremum tempus in urbe fuit:
> Quum repeto noctum, qua tot mihi cara reliqui
> Labitur ex oculis nunc quoque gutta meis."
>
> OVID, Elegy iii.

One day while yet upon life's youthful strands
My father, holding my head between his hands
And weeping at the same time bitterly,
Thus said: "Farewell, farewell, my son to thee!
Henceforth another horizon shall arise
And will present itself before thine eyes;
And thou shalt seek, and to the fountain flee
Where to appease the thirst which burneth thee.
March on, march on, and when upon the morrow
Thou bring'st the earliest offerings of thy sorrow
Unto the ills that yet thou dost not know,
Have hope and ever let thy courage grow,
And may thy tardy step in haste revive;
And whilst in turn thy fleeting hours arrive
A little love thy father who loves thee—
Have courage—go—for thee I wait to see!"

And thus he spoke, confounding in one, now,
His sobs and mine, and then he kissed my brow
And pressed me to his bosom with a wail;
And then before the sun's reflection pale

Y después.... á los pálidos reflejos
Del sol que en el crepúsculo se hundía
Sólo ví una ciudad que se perdía
Con mi cuna y mis padres á lo léjos.

   El viento de la noche
Saturado de arrullos y de esencias,
Soplaba en mi redor, tranquilo y dulce
Como aliento de niño;
Tal vez llevando en sus ligeras alas
Con la tibia embriaguez de sus aromas,
El acento fugaz y enamorado
Del silencioso beso de mi madre
Sobre el blanco lecho abandonado...

   Las campanas distantes repetían
El toque de oraciones... una estrella
Apareció en el seno de una nube;
Tras de mi oscura huella
La inmensidad se alzaba...
Yo entonces me detuve,
Y haciendo estremecer el infinito
De mi dolor supremo con el grito:
"Adiós, mi santo hogar," clamé llorando
"Adiós, hogar bendito,
En cuyo seno viven los recuerdos
Más queridos de mi alma...
Pedazo de ese azul en donde anidan
Mis ilusiones cándidas de niño...
¿Quién sabe si mis ojos
No volverán á verte....?
¿Quién sabe si hoy te envío
El adiós de la muerte...?
Mas si el destino rudo
Ha de darme el morir bajo tu techo,

That sank within the twilight's fading gray
I only saw a city fade away,
And in the distance disappearing fast
With it my cradle and my parents passed.

  Impregnated were the breezes of the night
With fragrance and murmurs wafting 'round me light
And tranquil as the breath of a child that sings,
Bearing, perchance, upon its feathery wings,
With tepid perfumes, (which makes the heart rejoice)
The fleeting murmur and the loving voice
Of mother's silent kiss upon my brow,
Above the honored couch—deserted now.

  The distant bells repeated the stroke aloud
Of th' angelus; a star appeared in the cloud;
Behind my steps an infinity arose,
And then I stopped and made the abyssmal woes
Of my dark grief to tremble with the sigh:
" Farewell my sacred hearth! Farewell I cry!
Farewell my blessed home! in thy depths roll
The sweet affectionate memories of my soul.
The fragments of the azure in which the blest
Illusions of my happy childhood rest.
Who knows if thou mine eyes again shall see?
Who knows if death's farewell I send to thee?
But if hard fate has destined me to die
Beneath thy roof, or bird of the woods to lie

Si el ave de la selva
Ha de plegar las alas en su nido,
¡ Guárdame mi tesoro, hogar querido,
Guárdame mi tesoro hasta que vuelva ! "

    Las lágrimas brotaron
A mis hinchados párpados... las sombras
Espesas y agrupadas, de repente
Se abrieron de los astros á la huella...
Cruzó una luz por lo alto, alcé la frente,
El cielo era una página y en ella
Ví esta cifra :—Detente !
Detente... y á mi oído
Llegó como un arrullo de paloma
La nota de un gemido ;
Algo como un suspiro de la noche
Rompiendo del silencio la honda calma ;
Algo como la queja
De una alma para otra alma...
Algo como el adiós con que los muertos,
Del amor al esfuerzo soberano,
Saludan desde el fondo de sus tumbas
Al recuerdo lejano.

. . . .

    Al despertar de aquel supremo instante
De letargo sombrío,
La noche de la ausencia desplegaba
Su impenetrable velo,
Sus sombras sin estrellas,
Su atmósfera de hielo...

Esa odiosa ceguez en que el ausente
Proscrito del cariño,
Cumple con su destierro, suspirando
Por sus recuerdos vírgenes de niño ;

With folded wings within its quiet nest
Beneath the withering hand of death to rest,
Protect my treasure, thou beloved home;
Watch o'er it for me till I cease to roam."

   The tears sprang to my swollen eyelids; the black
Shades opened from the stars unto the track;
A light did cross above; I lifted mine eyes
And on a page within the distant skies
I saw this cipher: "STOP!" and to mine ear
Came like the coo of a dove, (in regions drear)
The note of a moan beyond the human sight:
'T was something like the sigh of gloomy night,
Breaking the silence, and something like the plaint
Of one soul for another (that doth faint),
And something like the farewell which the dead
With the omnipotent aid of love hath said
To greet from out the depths of their lone graves
The far off memories of the soul that saves.

   After waking from that supreme moment
Of gloomy lethargy
The night of absence unfolded
Its impenetrable veil,
Its starless shadows;
Its frosty atmosphere;—
That odious blindness in which the absent one,
Proscribed by love,
Bears with his exile, sighing
For his pure memories of childhood;—

Ese inmenso dolor que hace del alma
En el terrible y solitario viaje,
Un árido desierto
En donde es un miraje cada punto
Y en donde es un amor cada miraje...

Y así de la ampolleta de mi vida
Se deslizaban las eternas horas
Sobre mi frente mustia y abatida,
Sonando al extenderse en lontananza,
Como una dulce estrofa desprendida
Del arpa celestial de la esperanza;
Así, cuando una vez, en el instante
En que la blanca flor de mi delirio
Desplegaba en los aires su capullo;
Cuando mi muerta fé se estrmecía
Bajo sus ropas fúnebres de duelo,
Al ver flotando en el azul del cielo
El alma del hogar sobre la mía;
Cuando iba ya á sonar para mis ojos
La última hora de llanto,
Y se cambiaba en música de salve
La música elegiaca de mi canto;
Mi corazon como la flor marchita
Que se abre á las sonrisas de la aurora
Esperando la vida de sus rayos,
También se abrió... para plegar su broche
A las caricias del amor abierto,
Encerrando en el fondo de su noche
Las caricias de un muerto!...

En el espacio blanco y encendido
Por los trémulos rayos de la luna,
Yo ví asomar su sombra...

That immense sorrow which makes of the soul,
In the terrible and lonely journey,
A barren desert
In which each point is a mirage,
And each mirage, a fancy.

   And thus from the hour-glass of my life
Slipped the eternal hours
Over my sad and dejected brow,
Sounding as they spread in the distance
Like a sweet strophe unfastened
From the supernal harp of Hope;
Thus, when once in the moment
In which the white flower of my delirium
Unfolded its bud in the breezes;
When my dead faith trembled
Under its funeral robes of affliction
At seeing afloat, in the azure of the sky,
The spirit of my home over the real;
When the last hour of sorrow
Was on the verge of striking for me,
And the mournful music of my song
Was changing into music of convocation,
My heart, like the faded flower
Which opens at the smile of dawn,
Awaiting the life of its rays,
Also opened to fold its clasp
Which was spread to receive the endearments
Enclosing in the depth of its night   [of love,
The caresses of a corpse!

   In the clearly lighted space,
By the trembling rays of the moon,
I saw his spirit appearing;

La gasa del sepulcro lo envolvía
Con sus espesos pliegues...
En su frente espectral se dibujaba
Una aureola de angustia, lo que dijo
Se perdió en la región donde flotaba...
Su mano me bendijo...
Su pecho sollozaba...
La sombra se elevó como la niebla
Que en la mañana se alza de los campos;
Cerré los ojos suspirando, y luego..
Oí un adiós en la profunda calma
De aquella inmensidad muda y tranquila,
Y al levantar de nuevo la pupila
¡El cielo estaba negro como mi alma!

En el reloj terrible
Donde cada dolor marca su instante,
El destino inflexible
Señalaba la cifra palpitante
De aquella hora imposible;
Hora triste en que el íntimo santuario
De mis sueños de gloria,
Vió su altar solitario,
Convertido su sol en tenebrario,
Y su culto en memoria...
Hora negra en que la urna consagrada
Para envolverte, ¡oh, padre!
Del cariño en la esencia perfumada,
Fué un sepulcro sombrío
Donde sólo dejaste tu recuerdo
Para hacer más inmenso su vacío.

¡Padre...perdón porque te amaba tanto
Que en el orgullo de mi amor creía
Darte en él un escudo!

The gauze of the sepulcher enveloped it
With its thick folds ;
About its ghostly brow an aureole of anguish
Was outlined—what it said
Was lost in the region where it hovered—
Its hand blessed me ;
Its heart sobbed ;
It then ascended like the mist
That rises in the morning from the meads ;
I closed mine eyes sighing, and then
I heard a farewell in the deep calm
Of that mute and tranquil immensity,
And lifting again mine eyes
The heavens were dark as my soul !

   On the immense clock
Where each pain stamps its point of duration,
Inflexible destiny
Marked the vibrating cipher
Of that impossible hour ;
Sad hour in which the innermost sanctuary
Of my dreams of glory
Saw its altar abandoned ;
Its day turned into a wax taper,
And its worship into memories ;
Gloomy hour in which the urn consecrated
To enclose thee, O father,
In the fragrant essence of affection,
Was a dark tomb
Where thou leavest only the remembrance
To make its void the more infinite.

   Father forgive, because so much I cherished
That in the loftiness of my love I believed [thee
In it to give thee a shield.

¡ Perdón porque luché contra la suerte,
Y desprenderme de tus brazos pudo !
¡ Perdón porque á tu muerte
Le arrebaté mis últimas caricias
Y te dejé morir sin que rompiendo
Mi alma los densos nublos de la ausencia,
Fuera á unirse en un beso con la tuya
Y á escuchar tu postrera confidencia !

Sobre la blanca cuna en que de niño
Me adurmieron los cantos de la noche,
El cielo azul flotaba,
Y siempre que mis párpados se abrían,
Siempre hallé en ese cielo dos estrellas
Que al verme desde allí se sonreían ;
Mañana que mis ojos
Se alcen de nuevo hacia el espacio umbrio
Que se mece fugaz sobre mi cuna,
Tú sabes, padre mío,
Que sobre aquella cuna hay un vacío,
Que de esas dos estrellas me falta una.

Caíste... de los libros de la noche
Yo no tengo la ciencia ni la clave ;
En la tumba en que duermes
Yo no sé si el amor tiene cabida.
Yo no sé si el sepulcro
Puede amar á la vida ;
Pero en la densa oscuridad que envuelve
Mi corazon para sufrir cobarde,
Yo sé que existe el germen de una hoguera
Que á tu memoria se estremece y arde...
Yo sé que es el más dulce de los nombres
El nombre que te doy cuando te llamo,
Y que en la religión de mis recuerdos
Tú eres el dios que amo.

Forgive, because I struggle against a fate
That could tear me from thine arms.
Forgive, because at thy death had I snatched
My last endearments
And let thee die without breaking
Through the dense clouds of distance,
My soul would be united to thine in a kiss,
And would list to thy last confidence.

Over the honored cradle in which from child-
The songs of night lulled me to sleep,   [hood
The blue sky floated,
And always when I opened mine eyelids
I found in that firmament two stars
That smiled whene'er they saw me.
To-morrow when mine eyes
I lift again toward the umbrageous space
That fugaciously stirs above my cradle,
Thou knowest, my father,
That over that cradle there is a void;
That of those two stars I miss one.

Thou succumb'st:—of the book of darkness
I have not the knowledge or the key;
In the grave wherein thou slumberest
I know not if there be room for love;
I know not if the sepulcher
Can love life;
But in the dense obscurity that wraps
My heart to suffer like a coward,
I know there exists the germ of a spark
Which at the remembrance trembles and glows;
I know that the sweetest of all names
Is the name which I utter when I call to thee,
And that, in the religion of my remembrances,
Thou art the god I love.

Caíste...de tu abismo impenetrable
La helada niebla arroja
Su negra proyección sobre mi frente,
Crepúsculo que avanza
Derramando en el aire trasparente
Las sombras de una noche sin oriente
Y el capuz de un dolor sin esperanza.

Padre...duérmete...mi alma estremecida
Te manda su cantar y sus adióses ;
Vuela hacia tí, y flotando
Sobre la piedra fúnebre que sella
Tu huesa solitaria,
Mi amor la enciende, y sobre tí, sobre ella,
En la noche sin fin de tu sepulcro
Mi alma será una estrella.

1871.

Thou didst depart :—from thy fathomless
The icy mist hurls   [gulf
Its gloomy projection over my brow.
A twilight advances
Spreading over the transparent air
The darkness of a night without dawn,
And the cloak of a sorrow without hope.

Father sleep :—my vibrating heart
Sends thee its canticle and its farewell ;
Towards thee it rises, and hovering
Above the tombstone that seals
Thy lonely grave,
My love illuminates it, while over thee, and
In the endless night of thy tomb,   [above it,
My spirit will be a star.

1871.

Á LA SOCIEDAD FILOIÁTRICA

EN SU INSTALACIÓN.

> ¿ Hasta cuándo llegará el dia en que
> se aprecia más al hombre que enseña
> que al hombre que mata ?
> M. OCAMPO.

Sombras gigantes de Scipión y Ciro,
De César y Alejandro,
No os alcéis de la tumba á mis acentos;
Que si es verdad que vuestra gloria admiro,
Me espanta vuestra gloria resonando
Entre ayes de dolor y entre lamentos.
Yo no canto á vosotros, cuyos lauros
En la sangre crecidos
Respiran con el aire de la muerte;
Yo no canto á vosotros los temidos,
Los que formáis las leyes con la espada
Sin tener más derecho que el del fuerte.
Vuestros nombres sublimes
No hacen arder la sangre de mis venas;
Yo canto á Atenas enseñando á Roma,
No canto á Roma conquistando á Atenas.
Como el águila audaz que surca el viento
En pos de espacio que bastante sea
Para dar á sus alas movimiento,
Lo mismo mi alma cuando hallar desea
La luz de la poesía,
No busca sus raudales en la noche,
Sino en la aurora al despuntar el día;

TO THE PHILHARMONIC SOCIETY

AT ITS INSTALLATION.

> "When will the day arrive
> When he who instructs will be
> Appreciated more than he who slays."
> M. OCAMPO.

Ye mighty shades of Scipio and Cyrus,
Of Cæsar and of Alexander,
Rise not from your graves at the sound of my voice
Although it may be true your glory I admire,
Yet me your glory but appalls, resounding
Between the groans of anguish and of tears;
And not to you I sing whose laurels
In blood were grown,
And breathe the air of death;
Not unto you I sing, ye dreaded ones,
Who frame the laws with the sword
With no more right than that of might.
Your names, exalted though they be,
Yet quicken not the blood within my veins.
I sing to Athens teaching Rome,
And not to Rome conquering Athens.
And like the fearless eagle which cleaves the air
In search of ample space
To give free movement to his wings,
The same my soul, when it desires to find
The light of poetry,
Seeks not its plentitude in the night,
But in the aurora at break of day;

Y al encontrar la llama indeficiente
De la verdad sagrada,
Mi pecho entonces se electriza y siente,
Y de mi lira tosca y olvidada,
Brotan cantares que sonar quisieran
Desde el nuevo, hasta el viejo continente.

Era la sombra : entre su negro manto
Vegetaban los hombres,
Nutriéndose con penas y con llanto,
Sin otra ciencia que sufrir humildes
Del infortunio las amargas leyes,
Y sin otros señores que verdugos
Con el pomposo título de reyes,
Esqueletos del cuerpo
Y esqueletos del alma.
Los seres como Dios, no eran entonces
El Adán pensador del primer día.
Sino siervos que ató, con mano airada,
A su carro triunfal la tiranía,
Momias vivientes que al dejar el mundo
Para volver al hueco del osario,
Legaban á sus hijos en recuerdo
La cicuta del Sócrates profundo
Y la sangre de Cristo del Calvario.
Y así pasaron siglos y más siglos
Que de su inmensa huella en la distancia
Sólo dejaban sombras y vestiglos,
Vagando entre las nieblas
De la noche sin fin de la ignorancia.
Mas de pronto la luz del pensamiento
Iluminó vivífica y radiante
De la santa Razón el firmamento,
Y Dios apareció, bello y gigante,

And when it finds the unfailing flame
Of sacred truth,
Then is my heart electrified and feels,
And from my rude and long forgotten lyre
Spring canticles that would desire to sound
From the new to the old continent.

   Darkness reigned : within its gloomy mantle
Men vegetated,
Nourishing themselves on sorrows and tears
With no other knowledge than to suffer
In submission under the bitter laws of misery,
And with no other masters but executioners
With the pompous title of kings :
Skeletons of the body
And skeletons of the soul.
The beings, in the image of God, were not then
The Adam of the first day,
But serfs, by Tyranny tied to her
Triumphal car with an angry hand ;
Living mummies which, on leaving the world
To return to the hollowness of the charnel house,
Bequeathed to their sons, in remembrance,
The poison hemlock of the great Socrates,
And the blood of Christ of Calvary.
Thus centuries after centuries passed,
Leaving in their infinite tracks in the distance
Naught but the shadows and horrid monsters
Wandering in obscurity
Through the endless night of ignorance.
But suddenly the light of thought
Illuminated, vividly and radiantly,
The firmament of holy Reason ;
And God appeared, beautiful and great,

Haciendo despeñarse en el abismo
Al soplo de sus labios soberanos
El sangriento puñal de los tiranos
Y la máscara vil del fanatismo.
Entonces fué cuando la Europa vía,
Trémula y espantada,
La mansión ignorada
Que la voz de Colón le predecía,
Y á Franklin elevándose al espacio
De su genio atrevido tras la huella,
Para robar á la rojiza nube
El fuego aterrador de la centella.
Entonces fué cuando se alzó la ciencia,
Disipando las sombras
Que huyeron en tropel á su presencia;
Y entonces cuando Méjico miraba
En la mansión maldita
Del crimen y del miedo,
En vez de la cadena y del levita
La figura grandiosa de Escobedo.
Y no tembléis al recordar la historia
Del lugar maldecido,
Donde el buitre feroz de la Ignorancia
Ocultó sus polluelos y su nido;
No tembléis á la tétrica memoria
Del calabozo inmundo
Repitiendo los últimos lamentos
Del mártir moribundo;
Ya está lavada de su impura mancha
La guarida del crimen,
Que hasta la infamia misma desparece
Donde las huellas del saber se imprimen
En vez de los verdugos,
Y del hirviento plomo y el veneno,

Hurling into the abyss,
With the mighty breath of his lips,
The gory poniards of tyranny
And vile masks of fanaticism.
'T was then when Europe saw,
Tremulous and frightened,
The fameless abode
Foretold by the voice of Columbus ;
And Franklin, rising in the capacity
Of his daring genius upon the track
To rob from the crimson cloud
The destroying fire of the lightning.
Then it was when Knowledge rose
Dispersing the shadows
Which fled in confusion at her presence ;
And then it was when Mexico saw
In the accursed abode
Of crime and fear,
In place of the chain and levite,
The grand figure of Escobedo.
Tremble not when remembering the history
Of the place of iniquity
Where the savage vulture of Ignorance
Concealed its chicks and its nest ;
Tremble not at the gloomy memory
Of the unearthly dungeon
Repeating the last lamentations
Of the dying martyr.
Already the den of crime is cleansed
Of its foul stigma,
And even infamy itself disappears
Where the tracks of wisdom are imprinted ;
In place of the executioners
And burning lead and poison,

La Medicina que consuela y sana,
Y los hijos de Heróvilo y Galeno.

Sublime rendición, misión sublime
La del que sufre al consolar las penas,
La del que llora y gime
Al enjugar las lágrimas ajenas ;
Misión de caridad y bienandanza,
Empezada por Cristo en el Calvario,
Que redime y que canta en su santuario
Los himnos del amor y la esperanza.
Seguidla, pues, vosotros, que imposibles
Desafiáis á la muerte, y los pesares ;
Y si queréis que el mundo agradecido
Conserve vuestro nombre en la memoria,
Y que os levante altares,
Seguid vuestro sendero bendecido,
Que al fin de ese sendero está la gloria :
Y continuad sin dirigir la vista
Al espindado y escabroso suelo,
Y si ansiáis la conquista
Del lauro inmarcesible de la fama,
Elevad vuestros ojos hasta el cielo
Donde está quien os mira y quien os llama
Y no penséis en la escarpada roca,
Ni en la espina punzante
Que atraviesa la planta que la toca ;
No cejéis ni un instante
En vuestra noble y celestial carrera,
Adelante...! Adelante...!
Aun está muy distante
La corona de rosas que os espera.

    1868.

The comforting and healing medicine
And the sons of Herófilo and Galeno.

   Sublime rendition, mighty mission
Of him who suffers while soothing pain ;
Of him who weeps and moans
While drying the tears of others ;
Mission of charity and prosperity
Begun by Christ on Calvary ;
Mission that redeems, and sings in its sanctuary
The hymns of love and hope.
Then follow it, ye who impassibly
Challenge death and sorrow ;
And if you wish the greatful world
To preserve your names in remembrance
And raise altars to you,
Follow your blessed path
For glory lies at its end ;
And continue without turning your eyes
Upon the thorny and rugged soil.
And if you long for the conquest
Of the fadeless laurel of fame,
Then raise your eyes to heaven
Where there is One who sees and calls you.
And think not of the steep cliffs,
Nor of the pointed thorn
That pierces the foot which touches it.
Relax not for a moment
In your noble and heavenly career :
Onward! Onward!
For yet far distant
Is the crown of roses which awaits you.

   1868.

QUINCE DE SETIEMBRE.

Después de aquella página sombría
En que trazó la historia los detalles
De aquel horrible día,
Cuando la triste Méxitli veía
Sembradas de cadáveres sus calles;
Después de aquella página de duelo
Por Cuahitemoc escrita ante la historia,
Cuando sintió lo inútil de su anhelo;
Después de aquella página, la gloria
Borrando nuestro cielo en su memoria
No volvió á aparecer en nuestro cielo.

La santa, la querida
Madre de aquellos muertos, vencedores
En su misma caída,
Fué hallada entre ellos, trémula y herida
Por el mayor dolor de los dolores...
En su semblante pálido aun brillaba
De su llanto tristísimo una gota...
A su lado se alzaba
Junto á un laurel una macana rota...
Y abandonada y sola como estaba,
Vencido ya hasta el último patriota,
Al ver sus ojos sin mirada y fijos,
Los españoles la creyeron muerta,
Y del incendio entre la llama incierta
La echaron en la tumba con sus hijos...

THE FIFTEENTH OF SEPTEMBER.

After that gloomy page
Upon which history traced the details
Of that horrible day
When sad Mexitli saw
Its streets sown with corpses;
After that page of mourning
For Cuahutemoc, written before the conflict,
When it felt the uselessness of its desire;
After that page, glory,
Blotting our skies in its fame,
Did not reappear in our heaven.

The holy, the beloved
Mother of those who fell, victors
In their own fall,
Was found among them, trembling and wounded
By the greatest sorrow of sorrows.
On her pale visage still sparkled
A tear of her deepest grief;
At her side arose,
Near a laurel, a broken macana; *
And deserted and alone she was,
The last patriot already being vanquished.
When they saw her sightless and staring eyes
The Spaniards believed her dead,
And between the unsteady flames of the
Fire they threw her into the grave with her sons.

---

*A wooden weapon in use among the ancient Indians of Mexico and Peru, generally edged with sharp flint.

Y pasaron cien años y trescientos
Sin que á ningún oído
Llegaran los tristísimos acentos
De su apagado y lúgubre gemido;
Cuando una noche un hombre que velaba
Soñando en no sé qué grande y augusto
Como la misma fé que le inspiraba,
Oyó un inmenso grito que le hablaba
Desde su alma de justo...
—Yo soy—le repetía,
Descendiente de aquellos que en la lucha
Sellaron su derrota con la muerte...
¡Yo soy la queja que ninguno escucha,
Yo soy el llanto que ninguno advierte!...
Mi fé me ha dicho que tu fuerza es mucha,
Que es grande tu virtud y vengo á verte;
Que en el eterno y rudo sufrimiento
Con que hace siglos sin cesar batallo,
Que sé que tú has de darme lo que no halllo
Mi madre que está aquí porque la siento.—

Dijo la voz y al santo regocijo
Que el anciano sintió en su omnipotencia,
—Si el indio llora por su madre—dijo,
Yo encontraré una madre para ese hijo,
Y encontró aquella madre en su conciencia.

A esta hora, y en un día
Como éste, en que incensamos su memoria,
Fué cuando aquel anciano decía,
Y desde ese momento, patria mia,
Tú sabes bien que el astro de tu gloria
Clavado sobre el libro de tu historia,
No se ha puesto en tus cielos todavía.

One hundred years passed by, and three hundred,
And the most sorrowful accents
Of her faint and mournful lamentation
Reached not a single ear,
Until one night a man who was on guard,
Dreaming of, I know not what, great and august,
Like the same faith which inspired him,
Heard an immense cry which spoke
From the soul of the righteous :
"It is I," it repeated,
"A descendant of those who, in the struggle,
Sealed their defeat with their death ;
It is I, the Complaint to whom no one listens,
And the tears which no one heeds.
My faith has told me that thy strength is mighty,
That thy courage is great, and I come to see thee :
That in the eternal and trying patience
With which for centuries unceasingly I battle,
I know that thou wilt give me what I find not :—
My mother who is here because I feel her presence."

Thus spoke the voice, and at the holy rejoicing
Which the old man felt in its omnipotence,
He said : "If the Indian weeps for his mother
I will find a mother for that son ; "
And he found that mother in his conscience.

It was at this hour, and on a day
Like this, on which we praise his memory.
When the old man spoke,
And since that moment, my fatherland,
Thou knowest well that the star of thy glory,
Fastened on the book of thy history,
Has not yet set in thy heavens.

A esta hora fué cuando rodó en pedazos
La piedra que sellaba aquel sepulcro
Donde estuviste como Cristo, muerta
Para resucitar al tercer día;
A esa hora fué cuando se abrió la puerta
De tu hogar, que en su seno te veía
Con un supremo miedo en su alegría
De que tu aparición no fuera cierta;
Y desde ese momento, y desde esa hora,
Tranquila y sin temores en tu pecho,
Tu sueño se cobija bajo un techo
Donde el placer es lo único que llora ..
Tus hijos ya no gimen
Como antes al recuerdo de tu ausencia
Ni cadenas hay ya que los lastimen...
En sus feraces campos ya no corre
La sangre de la lucha y la matanza,
Y de la paz entre los goces suaves
Bajo un cielo sin sombras ni vapores,
Ni se avergüenzan de nacer tus flores
Ni se avergüenzan de cantar tus aves.

Grande eres y á tu paso
Tienes abierto un porvenir de gloria
Con la dulce promesa de la historia
De que para tu sol nunca habrá ocaso....
Por él camina y sigue
De tu lección de ayer con la experiencia;
Trabaja y lucha hasta acabar esa obra
Que empezaste al volver á la existencia,
Que aun hay algo en tus cárceles que sobra
Y aun hay algo que el vuelo no recobra,
Y aun hay algo de España en tu conciencia

At this hour it was when the stone
Rolled into pieces which sealed that tomb
Where thou, like Christ, wast dead,
Only upon the third day to arise.
At that hour it was when the door
Of thy home opened, and that saw thee in its bosom,
With a supreme dread in its joy
Lest thy apparition was not real.
And since that moment, and since that hour,
Tranquil and without fears in thy heart,
Thy dream is sheltered under a roof
Where naught but pleasure weeps.
No more thy sons will sigh,
As formerly, at the remembrance of thy absence;
Nor are there chains to wound them now.
On their fertile fields there flows no more
The blood of slaughter and strife;
And from peace, among gentle joys,
Under a shadowless and cloudless sky,
The flowers will not be ashamed to bloom
Nor the birds ashamed to sing.

Thou art great, and upon thy path
A future of glory opens before thee
With the sweet promise of history
That thy sun will never set.
Tread that path, and follow
With the experience of thy lesson of the past;
Work and struggle until the task is finished
Which thou hast commenced on thy return to ex-
For yet in thy prisons something remains,   [istence,
Something which flight cannot recover,
And something of Spain in thy conscience.

Yo te vengo á decir que es necesario
Matar ya ese recuerdo de los reyes
Que escondido tras de un confesonario,
Quiere darte otras leyes que tus leyes...
Que Dios no vive ahí donde tus hijos
Reniegan de tu amor y de tus besos,
Que no es él que perdona en el cadalso,
Que no es él del altar y él de los rezos;
Que Dios es él que vive en tus cabañas,
Que Dios es él que vive en tus talleres
Y él que se alza presente y encarnado
Allí donde sin odio á los deberes
Se come por la noche un pan honrado.

Yo te vengo á decir que no es preciso
Que muera á hierro él que con hierro mate,
Que no es con sangre como el siglo quiere
Que el pueblo aprenda las lecciones tuyas;
Que el siglo quiere que en lugar de templos
Le des escuelas y le des ejemplos,
Le des un techo y bajo dél lo instruyas.

Así es como en tu frente
Podrás al fin ceñirte la corona
Que el porvenir te tiene destinada;
El, que conoce tu alma, que adivina
En tí á la santa madre del progreso,
Y que hoy ante el recuerdo de aquella hora
En que uno de sus besos fué la aurora
Que surgió de tu noche entre lo espeso,
Mientras el pueblo se entusiasma y llora,
Te viene á acariciar con otro beso.

1873.

I come to tell thee that it is necessary
To kill that remembrance of the kings
Which, concealed behind the confessional,
Seeks to give thee other laws than thy laws;
That God exists not there where thy sons
Disown thy love and thine affections;
That it is not he who pardons at the scaffold;
That it is not he of the altar and of the prayers;
That God is He who dwells in thy cabins;
That God is He who dwells in thy workshops,
And who rises, present and incarnate,
There, where without hatred of duties, [bread.
At the end of the day's work, man enjoys his honest

I come to tell thee that it is not necessary
That he who kills by the sword should die thereby;
That it is not with bloodshed that this age wants
The populace to learn thy lessons;
That this age desires that in place of temples
Thou shalt give it schools and precepts, [tion.
That thou shalt give it a roof and under it instruc-

Thus it is that on thy brow
Thou wilt be able at last to place the crown
Which the future has destined for thee.
He who knows thy heart, who divines
In thee the holy mother of progress,
And who to-day, before the remembrance of that
In which one of her kisses was the aurora [hour
Which sprang from the night through the darkness,
Whilst the people weep in rapture,
Comes to caress thee with another kiss.

1873.

ANTE UN CADÁVER.

¡ Y bien ! aquí estás ya...sobre la plancha
Donde el gran horizonte de la ciencia
La extensión de sus límites ensancha.

Aquí donde la rígida experiencia
Viene á dictar las leyes superiores
A que está sometida la existencia.

Aquí donde derrama sus fulgores
Ese astro á cuyo luz desparece
La distinción de esclavos y señores.

Aquí donde la fábula enmudece
Y la voz de los hechos se levanta
Y la superstición se desvanece.

Aquí donde la ciencia se adelanta
A leer la solución de ese problema
Cuyo sólo enunciado nos espanta.

Ella que tiene la razón por lema
Y que en tus labios escuchar ansía
La augusta voz de la verdad suprema.

Aquí estás ya...tras de la lucha impía
En que romper al cabo conseguiste
La cárcel que al dolor te retenía.

BEFORE A CORPSE.

And so! already here thou art upon the table
Where the great horizon of science
Broadens the extension of its limits;

Here, where rigid experience
Comes to dictate the superior laws
To which existence is subjected;

Here, where that star, before whose light
Disappears the distinction of slaves
And masters, sheds its lustre;

Here, where fiction is silenced
And the voice of fact arises,
And superstition vanishes;

Here, where science advances
To read the solution of the problem
Whose mere mention overwhelms us;

*She whose motto is reason
And who, upon thy lips, doth long to listen
To the august voice of truth supreme.

Already here thou art, after the impious struggle
In which at last thou didst succeed in breaking
The prison that chained thee to sorrow.

---

*This pronoun refers to the word *science*, in the preceding verse. Examples of this kind are not infrequent in Spanish poetry.

La luz de tus pupilas ya no existe,
Tu máquina vital descansa inerte
Y á cumplir con su objeto se resiste.

¡ Miseria y nada más ! dirán al verte
Los que creen que el imperio de la vida
Acaba donde empieza el de la muerte.

Y suponiendo tu misión cumplida
Se acercarán á tí, y en su mirada
Te mandarán la eterna despedida.

Pero ¡ no !. .tu misión no está acabada,
Que ni es la nada el punto en que nacemos
Ni el punto en que morimos es la nada.

Círculo es la existencia, y mal hacemos
Cuando al querer medirla le asignamos
La cuna y el sepulcro por extremos.

La madre es solo el molde en que tomamos
Nuestra forma, la forma pasajera
Con que la ingrata vida pasamos.

Pero ni es esa forma la primera
Que nuestro sér reviste, ni tampoco
Será su última forma cuando muera.

Tú sin aliento ya, dentro de poco
Volverás á la tierra y á su seno
Que es de la vida universal el foco.

Y allí, á la vida en apariencia ajeno,
El poder de la lluvia y del verano
Fecundará de gérmenes tu cieno.

The light of thine eyes no more exists;
Thy vital organism inertly reposes
And refuses to fulfil its office.

"Nothing but misery!" will those say
Who gaze upon thee, believing that the dominion
Ends where death begins.   [of life

And supposing thy mission fulfilled
They will approach thee, and in look
Will give thee eternal farewell.

But no! thy mission is not ended,
For neither is nothingness the point at which we
Or naught the point at which we die.   [are born

Life is a circle, and when measuring it
We do wrong in assigning to it
The cradle and the sepulcher for extremes.

For molded after our parent
We travel through this ungreatful world
In our transitory shape.

Neither is this the first shape
That clothes our being, nor
Will it be its last when it dies.

Now thou art lifeless: but a short time
And thou wilt return to earth and its bosom
Which is life's universal focus.

And there, in appearance foreign to life,
The power of the rain and heat
Will fertilize thy clay with germs,

Y al ascender de la raíz al grano,
Irás del vegetal á ser testigo
En el laboratorio soberano.

Tal vez para volver cambiado en trigo
Al triste hogar donde la triste esposa
Sin encontrar un pan sueña contigo.

En tanto que las grietas de tu fosa
Verán alzarse de su fondo abierto
La larva convertida en mariposa.

Que en los ensayos de su vuelo incierto,
Irá al lecho infeliz de tus amores
A llevarle tus ósculos de muerto.

Y en medio de esos cambios interiores
Tu cráneo lleno de una nueva vida,
En vez de pensamientos dará flores.

En cuyo cáliz brillará escondida
La lágrima, tal vez, con que tu amada
Acompañó el adiós de tu partida.

La tumba es el final de la jornada,
Porque en la tumba es donde queda muerta
La llama en nuestro espíritu encerrada.

Pero en esa mansión á cuya puerta
Se extingue nuestro aliento, hay otro aliento
Que de nuevo á la vida nos despierta.

Allí acaba la fuerza y el talento,
Allí acaban los goces y los males,
Allí acaban la fé y el sentimiento.

And when ascending from the root to the grain
Thou wilt leave the fields
To be a witness in the supreme laboratory;

Perhaps to return again as wheat
To the sorrowing home where the mourning spouse
Dreams with thee without finding bread.

Meanwhile the fissures of thy grave
Will see the larva converted into a butterfly,
Rising from its open depth,

Which, in its endeavors of uncertain flight,
Will go to the unhappy couch of thy dear ones
To bear them thy greetings of the dead.

And in the midst of those interior changes
Thy craneum, filled with a new life,
Instead of thoughts will yield flowers,

In the calyx of which will shine concealed,
Perhaps, the tear with which thy loved one
Accompanied the farewell of thy departure.

The tomb is the end of the journey,
For in the tomb is where the light of our
Imprisoned spirit remains dead;

But in the abode, at whose door
Our breath dies out, there is another breath
That wakes us again to life.

There might and talent end;
There end the joys and ills;
There faith and sentiment end;

Allí acaban los lazos terrenales,
Y mezclados el sabio y el idiota
Se hunden en la región de los iguales.

Pero allí donde el ánimo se agota
Y perece la máquina, allí mismo
El sér que muere es otro sér que brota.

El poderoso y fecundante abismo,
Del antiguo organismo se apodera
Y forma y hace de él otro organismo.

Abandona á la historia justiciera
Un nombre sin cuidarse, indiferente,
De que ese nombre se eternice ó muera.

El recoje la masa únicamente,
Y cambiando las formas y el objeto
Se encarga de que viva eternamente.

La tumba sólo guarda un esqueleto,
Mas la vida en su bóveda mortuoria
Prosigue alimentándose en secreto.

Que al fin de esta existencia transitoria
A la que tanto nuestro afán se adhiere,
La materia, inmortal como la gloria,
Cambia de formas; pero nunca muere.

1872.

There end the earthly bonds,
And the wise, mingled with the foolish,
Sink into the region of equality.

But there, where the mind is exhausted
And the organism perishes, right there [forth.
The being which dies is another being that springs

The mighty and fecundating abyss
Seizes the former organism
And forms and makes thereof another organism.

One yields to the history of justice
A name, carelessly and indifferently,
Whether that name become eternal or die.

He gathers only the clay,
And changing the forms and the object
He charges himself that it live eternally.

The tomb keeps only a skeleton,
But life, in its funeral vault,
Proceeds to nourish itself in secret;

For at the end of this transitory existence,
To which our anxiety so much adheres,
Matter, immortal as glory,
Changes in forms, but never can die.

1872.

CINCO DE MAYO.

I

Tres eran, mas la Inglaterra
Volvió á lanzarse á las olas,
Y las naves españolas
Tomaron rumbo á su tierra.
Sólo Francia gritó: "¡Guerra!"
Soñando ¡oh patria! en vencerte,
Y de la infamia y la suerte
Sirviéndose en su provecho,
Se alzó erigiendo en derecho
El derecho del más fuerte.

II

Sin ver que en lid tan sangrienta
Tu brazo era más pequeño,
La lid encarnó en su empeño
La redención de su afrenta.
Brotó en luz amarillenta
La llama de sus cañones,
Y el mundo vió á tus legiones
Entrar al combate rudo,
Llevando por solo escudo
Su escudo de corazones.

THE FIFTH OF MAY.

I

There were three, but England
Again launched herself into the waves,
And the Spanish vessels
Sailed again to this land.
Only France exclaimed: "Let there be war!"
Dreaming, O, my fatherland of conquering thee
And in her advantage, making use
Of infamy and fortune,
She rose at once to establish
The right of the stronger.

II

Seeing not that in such a sanguinary conflict
Thy arm was weaker,
The dispute embodied in its obligation
The redemption of thy affront.
The flames of their cannons
Broke forth in a yellow light,
And the world beheld thy legions
Entering the fierce combat,
Only carrying for a shield
The shield of their hearts.

III

Y entonces fué cuando al grito
Lanzado por tu denuedo,
Tembló la Francia de miedo
Comprendiendo su delito,
Cuando á tu aliento infinito
Se oyó la palabra *sea*,
Y cuando al ver la pelea
Terrible y desesperada
Se alzó en tu mano la espada
Y en tu conciencia la idea.

IV

Desde que ardió en el oriente
La luz de ese sol eterno
Cuyo rayo puro y tierno
Viene á besarte en la frente,
Tu bandera independiente
Flotaba ya en las montañas,
Mientras las huestes extrañas
Alzaban la suya airosa,
Que se agitaba orgullosa
Del brillo de sus hazañas.

V

Y llegó la hora, y el cielo
Nublado y oscurecido
Desapareció escondido
Como en los pliegues de un velo.
La muerte tendió su vuelo
Sobre la espantada tierra,
Y entre el francés que se aterra
Y el mejicano iracundo,
Se alzó estremeciendo al mundo
Tu inmenso grito de guerra.

III

And then it was when, at the cry
Uttered by thy boldness,
France trembled with fear
Understanding her transgression;
And when at thy unbounded voice
Were heard the words, "be it thus!"
And when seeing the terrible
And desperate conflict,
In thy hand arose the sword
And in thy conscience the design.

IV

Since in the orient shone
The light of that eternal sun
Whose pure and delicate ray
Approaches to kiss thy brow,
Thy independent banner
Floated on the mountains
While the hostile armies
Raised their flag in anger
Which was waving haughtily
With the splendor of their exploits.

V

And the hour arrived, and the sky,
Clouded and darkened,
Disappeared, concealed
As in the folds of a curtain.
Death spread his wings
Over the frightened land,
And between the terrified Frenchman
And the furious Mexican,
Arose the mighty war-cry
Shaking the earth.

VI

Y allí al francés, el primero
De los soldados del orbe,
El que en sus glorias absorbe
Todas las del mundo entero,
Tres veces pálido y fiero
Se vió á correr obligado,
Frente al pueblo denodado
Que para salvar tu nombre,
Te dió un soldado en cada hombre
¡Y un heroe en cada soldado!

VII

¡Tres veces! y cuando hundida
Sintió su fama guerrera,
Contemplado su bandera
Manchada y encarnecida,
La Francia, viendo perdida
La ilusión de su victoria,
A despecho de su historia
Y á despecho de su anhelo,
Vió asomar sobre otro cielo
Y en otro mundo la gloria.

VIII

Que entre la niebla indecisa
Que sobre el campo flotaba,
Y entre el humo que se alzaba
Bajo el paso de la brisa,
Su más hermosa sonrisa
Fué para tu alma inocente,
Su canción más elocuente
Para entonarla á tu huella,
Y su corona más bella
Para ponerla en tu frente.

VI

And there the Frenchman, the first
Of the soldiers of the world ;
He who in his glories absorbs
Those of the whole world,
Was three times forced to run,
Pale and fierce,
Before the intrepid populace
Who, to save thy name,
Gave thee a soldier in every man
And a hero in every soldier.

VII

Three times ! and when France
Felt her war fame ruined,
And gazed upon her banner,
Stained and gory,
She saw the illusions
Of her victory lost,
And in spite of her strife,
And in spite of her eagerness,
She saw glory dawning
In another heaven and in another world.

VIII

That which, in the unsteady mist
That floated over the country,
And in the vapor which rose
Beneath the path of the breeze,
Was for thy innocent heart
Its most beautiful smile ;
Its most eloquent song
To sing on thy journey,
And its most beautiful crown
To place on thy brow.

IX

¡Sí, patria! desde ese día
Tú no eres ya para el mundo
Lo que en su desdén profundo
La Europa se suponía,
Desde entonces, patria mía,
Has entrado á una nueva era,
La era noble y duradera
De la gloria y del progreso,
Que bajan hoy, como un beso
De amor, sobre tu bandera.

X

Sobre esa insignia bendita
Que hoy viene á cubrir de flores
La gente que en sus amores
En torno suyo se agita,
La que en la dicha infinita
Con que en tu suelo la clava,
Te jura animosa y brava,
Como ante el francés un día,
Morir por tí, patria mía,
Primero que verte esclava.

1873.

IX

Yes, fatherland, since that day
To the world thou art no more
What Europe, in her profound
Disdain supposed.
Siuce then, my native land,
Thou hast entered a new era,
The noble and lasting era
Of fame and progress
Which descends to-day, like a kiss
Of love, upon thy standard.

X

Over that blessed banner
Which to-day the people,
Who in turn are stirred in their affections,
Come to cover with flowers,
And who, in the boundless happiness
With which they plant it in the soil,
Swear to thee, gallant and brave,
As once before the Frenchman,
Sooner than see thee a slave,
My native land, for thee I die.

1873.

NOCTURNO.

Á ROSARIO.

I

Pues bien ! yo necesito
    decirte que te adoro,
Decirte que te quiero
    con todo el corazón ;
Que es mucho lo que sufro,
    que es mucho lo que lloro,
Que ya no puedo tanto
    y al grito en que te imploro
Te imploro y te hablo en nombre
    de mi última ilusión.

II

Yo quiero que tú sepas
    que ya hace muchos días
Estoy enfermo y pálido
    de tanto no dormir ;
Que ya se han muerto todas
    las esperanzas mías,
Que están mis noches negras,
    tan negras y sombrías,
Que ya no sé ni donde
    se alzaba el porvenir.

NOCTURN.

TO ROSARIO.

I

Well, then, I am compelled
    to say that I adore thee;
To tell thee that I love thee
    with all my heart;
That there is much I suffer,
    and that much I weep;
That more I can not bear,   [thee,
    and at the cry in which I implore
I entreat thee and speak in the name
    of my lost illusions.

II

I want you to know
    that already many days
Have I been ill and pallid
    from so much lost sleep;
That all my hopes
    have already died;
That my nights are dark—
    so black and gloomy
That I know not even where
    the future is fled.

III

De noche, cuando pongo
    mis sienes en la almohada
Y hacia otro mundo quiero
    mi espíritu volver,
Camino mucho, mucho,
    y al fin de la jornada
Las formas de mis padres
    se pierden en la nada
Y tú de nuevo vuelves
    en mi alma aparecer.

IV

Comprendo que tus besos
    jamás han de ser míos,
Comprendo que en tus ojos
    no me he de ver jamás;
Y te amo en mis locos
    y ardientes desvaríos
Bendigo tus desdenes,
    adoro tus desvíos.
Y en vez de amarte menos
    te quiero mucho más.

V

A veces pienso en darte
    mi eterna despedida,
Borrarte en mis recuerdos
    y hundirte en mi pasión;
Mas si es en vano todo
    y el alma no te olvida,
¿Qué quieres tú que yo haga
    pedazo de mi vida,
Qué quieres tú que yo haga
    con este corazon?

III

At night, when I rest
    my temples on my pillow,
And towards another world
    I wish to turn my mind,
I walk on, and on,
    and at my journey's end
The forms of my parents
    are lost in vacancy,
And thou again returnest
    to appear in my heart.

IV

I understand thy kisses
    are never to be mine;
I understand that in thine eyes
    I ne'er shall see myself;
And I love thee, and in my mad
    and ardent deliriums
I bless thy frowns;
    I admire thy indifference,
And instead of loving thee less
    I worship thee much more.

V

At times I think of giving thee
    my eternal farewell;
To blot thee from my memory
    and drown thee in my passion;
But if all be in vain,
    And my soul forget thee not,
What wilt thou that I do,
    part of my life,
What wilt thou that I do
    with this—my heart?

VI

Y luego que ya estaba
    concluído tu santuario,
Tu lámpara encendida,
    tu velo en el altar;
El sol de la mañana
    detrás del campanario,
Chispeando las antorchas,
    humeando el incensario,
Y abierta allá á lo lejos
    la puerta del hogar...

VII

¡Qué hermoso hubiera sido
    vivir bajo aquel techo,
Los dos unidos siempre
    y amándonos los dos;
Tú siempre anamarada,
    yo siempre satisfecho,
Los dos una sola alma,
    los dos un solo pecho;
Y en medio de nosotros
    mi madre como un Dios!

VIII

¡Figúrate qué hermosas
    las horas de esa vida!
¡Qué dulce y bello el viaje
    por una tierra así!
Y yo soñaba en eso,
    mi santa prometida,
Y al delirar en eso
    con la alma estremecida,
Pensaba yo en ser bueno
    por tí, no más por tí.

VI

And then, when thy sanctuary
    was completed,
Thy lamp was burning,
    thy veil on the altar,
The sun of the morning
    behind the belfry,
The torches emitting sparks,
    the incensory smoking,
And there, open in the distance,
    the door of my home.

VII

How beautiful it would have been
    to live beneath that roof,
We two united always,
    and always loving each other;
Thou alway enamored;
    I always contented;
We two a soul in one;
    we two a single heart;
And between thee and me,
    my mother like a god.

VIII

Imagine thou how beautiful
    the hours of such a life!
How sweet and beautiful the journey
    through such a land!
And I dreamed of that,
    my holy betrothed,
And when upon it delirating
    with my trembling heart,
I thought to be good
    for thee, and for thee only.

IX

¡ Bien sabe Dios que ese era
    mi más hermoso sueño,
Mi afán y mi esperanza
    mi dicha y mi placer ;
Bien sabe Dios que en nada
    cifraba yo mi empeño,
Sino en amarte mucho
    bajo el hogar risueño
Que me envolvió en sus besos
    cuando me vió nacer !

X

Esa era mi esperanza...
    mas ya que á sus fulgores
Se opone el hondo abismo
    que existe entre los dos,
¡ Adiós por la vez última,
    amor de mis amores ;
La luz de mis tinieblas,
    la esencia de mis flores ;
Mi lira de poeta,
    mi juventud, adiós !

IX

Well knows God that this was
  my most beautiful dream;
My anxiety and my hope;
  my happiness and my joy.
Well knows God that in nothing
  did I abridge my diligence,
But to love thee much
  within the smiling home
That wrapped me in its kisses
  when it saw my birth.

X

Such was my hope,—
  but now, against its brightness,
Is opposed the deep abyss
  that exists between the two.
Farewell for the last time,
  love of my affections;
The light of my darkness,
  the essence of my flowers;
My poet's lyre,
  my youth, farewell!

ADIÓS Á ———

Después de que el destino
    me ha hundido en las congojas
Del árbol que se muere
    crujiendo de dolor,
Tronchando una por una
    las flores y las hojas
Que al beso de los cielos
    brotaron de mi amor.

Después de que mis ramas
    se han roto bajo el peso
De tanta y tanta nieve
    cayendo sin cesar,
Y que mi ardiente savia
    se ha helado con el beso
Que el ángel del invierno
    me dió al atravesar.

Después...es necesario
    que tú también te alejes
En pos de otras florestas
    y de otro cielo en pos ;
Que te alces de tu nido,
    que te alces y me dejes
Sin escuchar mis ruegos
    y sin decirme adiós.

FAREWELL TO ———

   After fate
      has plunged me into the anguish
Of the tree that dies,
      groaning with pain,
Tearing one by one
      the flowers and the leaves
That sprang from thy love
      with the kiss from the skies;

   After my branches,
      broken under the weight
Of snow upon snow
      Unceasingly falling,
And my glowing life
      has frozen at the kiss
Which the angel of winter
      gave me on his way;

   Then thou must likewise
      depart from me
In search of other bowers,
      And in search of other skies,
For thou shalt arise from thy nest;
      shalt arise and leave me,
Not hearing my entreaties
      or bidding me farewell.

Yo estaba solo y triste
    cuando la noche te hizo
Plegar las blancas alas
    para acogerte á mí,
Y entonces mi ramaje
    doliente y enfermizo
Brotó sus flores todas,
    y todas para tí.

En ellas te hice el nido
    risueño en que dormias
De amor y de ventura
    temblando en su vaivén,
Y en él te hallaban siempre
    las noches y los días
Feliz con mi cariño
    y amándote también...

¡Ah! nunca en mis delirios
    creí que fuera eterno
El sol de aquellas horas
    de encanto y frenesí;
Pero jamás tampoco
    que el soplo del invierno
Llegara entre tus cantos,
    y hallándote tú aquí...

Es fuerza que te alejes...
    rompiéndome en astillas
Ya siento entre mis ramas
    crujir el huracán,
Y heladas y temblando
    mis hojos amarillas
Se arrancan y vacilan,
    y vuelan y se van...

I was alone and sad
   when night made thee
Fold thy white wings
   to take refuge in me,
And then my voice,
   sorrowful and faint,
Broke out in blossoms,
   and all for thee.

In them I made thy lovely nest
   in which thou didst sleep,
Trembling in the restlessness
   of love and happiness,
And the nights and days
   found thee therein,
Ever happy with my love ;
   I ever loving thee.

Alas ! never in my delirium
   believed I that the sun
Of those hours of enchantment and
   could be eternal ;   [madness
But never, either,
   that the breath of winter
Would mingle in thy songs
   and find thee here.

Thy parting is an anguish
   that fells me to the ground.
Already I feel the storm
   among my branches,
And, frozen and trembling,
   my yellow leaves
Are snatched and shiver,
   and fly and depart.

Adiós, paloma blanca,
  que huyendo de la nieve
Te vas á otras regiones
  y dejas tu árbol fiel;
Mañana que termine
  mi vida oscura y breve
Ya sólo tus recuerdos
  palpitarán sobre él.

Es fuerza que te alejes...
  del cántico y del nido
Tú sabes bien la historia,
  paloma, que te vas...
El nido es el recuerdo
  y el cántico ei olvido,
El árbol es el *siempre*,
  y el ave es el *jamas.*

Y ¡adiós! mientras que puedes
  oir bajo este cielo
El último ¡ay! del himno
  cantado por los dos...
Te vas y ya levantas
  el ímpetu y el vuelo,
Te vas y ya me dejas,
  paloma, adiós, adiós!

1873.

Farewell, white dove,
    that, flying from the frost,
Departest for other realms,
    leaving thy faithful tree.
To-morrow, when my gloomy
    and brief life shall end,
Yet thy only remembrances
    will pant over that tree.

Thy parting is a pain.
    Thou knowest well the story
Of the song and the nest,
    my sweet departing dove:
The nest is Remembrance
    and the song, Oblivion;
The tree is the Forever,
    and the bird, the Nevermore.

Then farewell! while thou canst
    hear, under this heaven,
The last plaint of that hymn,
    sung by both.
Thou departest, and already
    thy wings take flight;
Thou departest and leavest me,
    my dove; farewell, farewell!

1873.

ENTONCES Y HOY.

Ese era el cuadro que, al romper la noche
    Sus velos de crespón,
Alumbró atravesando las ventanas,
    La tibia luz del sol :
Un techo que acababa de entreabrirse
    Para que entrara Dios,
Una lámpara pálida y humeante
    Brillando en un rincón,
Y entre las almas de los dos eposos,
    Como un lazo de amor,
Una cuna de mimbres con un niño
    Recién nacido....¡ yo !
Posadas sobre la áspera cornisa
    Todas de dos en dos ;
Las golondrinas junto al pardo nido
    Lanzaban su canción.
En tanto que á la puerta de sus jaulas
    Temblando de dolor,
Mezclaban la torcaza y los zentzontlis,
    Sús trinos y su voz.
La madreselva alzando entre las rejas
    Su tallo trepador,
Enlazaba sus ramas y sus hojas
    En grata confusión,
Formando un cortinaje en el que había
    Por cada hoja una flor,

THEN AND NOW.

This was the picture which, as night tore
    Its veils of crape,
The tepid rays of the sun
    Illuminated, crossing the windows:
A roof, just half opened,
    So that God might enter;
A pale and smoking lamp
    Shining in a corner,
And between the souls of the two spouses,
    Like a bond of love,
A cradle of osiers with a child
    Just born—'T was I!
Resting upon the rough cornice,
    All two by two,
The swallows, near the gray nest,
    Raised their songs;
Whilst at the door of their cages,
    Trembling with sorrow,
The wild pigeon and the nightingales
    Mingled their trills and their voice.
The honeysuckle, sending up between the
    Its climbing stock,   [iron grate
Interlaced its branches and its leaves
    In graceful confusion,
Forming a curtain in which there was,
    For each leaf a flower:

En cada flor una gotita de agua,
    Y en cada gota un sol,
Reflejo del dulcísimo de entonces
    Y del doliente de hoy.
Mi madre, la que vive todavía
    Puesto que vivo yo,
Me arrullaba en sus brazos suspirando
    De dicha y de emoción,
Mientras mi padre en el sencillo exceso
    De su infinito amor,
Me daba las caricias que más tarde
    La ausencia me robó,
Y que á la tumba en donde duerme ahora
    A pagarle aun no voy...
Forma querida del amante ensueño
    que embriagaba á los dos,
Yo era en aquel hogar y en aquel día
    De encanto y bendición,
Para mi cuna blanca, un inocente,
    Para el mundo un dolor,
Y para aquellos corazones buenos
    ¡ Un tercer corazon !
De aquellas horas bendecidas, hace
    Veintitres años hoy...
Y de aquella mañana á esta mañana,
    De aquel sol á este sol,
Mi hogar se ha retirado de mis ojos,
    Se ha hundído mi ilusión,
Y la que tiene al cielo entre sus brazos,
    La madre de mi amor,
Ni viene á despertarme en las mañanas
    Ni está donde yo estoy ;
Y en vano trato de que mí arpa rota
    Module una canción,

In each flower, a little drop of water,
    And in each drop, a sun :
A reflection of the delights of the past
    And the sorrows of the present.
My mother, who is living yet,
    Since I am living,
Lulled me in her arms, sighing
    With happiness and emotion,
While my father, in the simple rapture
    Of his infinite love,
Gave me caresses, of which, later
    I was robbed by his absence,
And for which I do not yet pay him
    At the tomb wherein he now slumbers.
I was the cherished form of the loving dream
    Which enraptured both,
In that home, and on that day
    Of enchantment and blessing,
For my honored cradle, an innocent ;
    For the world, a sorrow ;
And for those good souls,
    A third heart.
Since those blessed hours
    Three and twenty years have passed
And from that morning to this :   [to-day ;
    From that sun to this sun,
My hearth has retired from my sight ;
    My illusion has sunk ;
And she who holds heaven in her arms,—
    The mother of my love,—
Comes not to wake me in the morning,
    Nor is she in my presence ;
And in vain I try, with my broken harp,
    To modulate a song ;

Y en vano de que el llanto y sus sollozos
    Dejen de ahogar mi voz...
Que solo y frente á todos los recuerdos
    De aquel tiempo que huyó,
Mi alma es un santuario en cuyas ruinas
    Sin lámpara y sin Dios,
Evoco á la esperanza, y la esperanza
    Penetra en su interior,
Como en el fondo de un sepulcro antiguo
    Las miradas del sol...

Bajo el cielo que extiende la existencia
    De la cuna al panteón,
En cada corazón palpita un mundo,
    Y en cada amor un sol...
Bajo el cielo nublado de mi vida
    Donde esa luz murió,
¿Qué será este mundo de los sueños mios?
    ¿Qué hará mi corazón?

   1872.

In vain I try to prevent my grief and its
    From drowning my voice,   [sobs
For alone, and facing all the memories
    Of that time which has fled,
My soul remains a sanctuary whose ruins
    Without light and without God.   [are
I implore hope, and hope
    Penetrates into the interior,
Like the rays of the sun
    Into the depth of an ancient sepulcher.

  Under the sky that extends existence
    From the cradle to the pantheon,
In each heart beats a world,
    And in each world a sun.
Under the clouded sky of my life,
    Where that light has died out, [dreams?
What will become of this world of my
    What will become of my heart?

  1872.

AL POETA MÁRTIR
JUAN DÍAZ COVARRUBIAS

I

Hoy que de cada laúd
Se eleva un canto á tu muerte,
Con la que supiste hacerte
Un altar del ataúd;
Unido á esa juventud
Que tu historia viene á hojear,
Mientras ella alza el cantar
Que en su pecho haces nacer,
Yo también quiero poner
Mi ofrenda sobre tu altar.

II

En la tumba donde flota
Tu sombra augusta y querida
Descansa muda y dormida
La lira de tu alma, rota...
De sus cuerdas ya no brota
Ni la patria ni el amor;
Pero en medio del dolor
Que sobre tu losa gime
Ese silencio sublime,
Ese es tu canto mejor.

TO THE POET MARTYR,
Juan Díaz Covarrubias.

I

To-day, when at thy death
Rises a song from every lute,
And by which thou makest for thyself
An altar of thy coffin ;
United to that youth
Which thy history has just perused,
While it sings the praises
Which, through thee, spring from
I also wish to place   [their breasts,
My offering upon the altar.

II

In the tomb where hovers
Thy august and beloved spirit
Lies broken, mute and asleep,
The lyre of thy soul.
Its chords will never more resound
For fatherland or love,
Except in the midst of sorrow
Which sighs over thy marble-stone ;
That sublime silence
Which is thy grandest song.

III

Ese es el que se levanta
De la arpa del patriotismo;
Ese silencio es lo mismo
Que la libertad que canta;
Pues en esa lucha santa
En que te hirió el retroceso,
Al sucumbir bajo el peso
De la que nada respeta,
Sobre el cadáver del poeta
Se alzó cantando el progreso.

IV

Un monstruo cuya memoria
Casi en lo espantoso raya,
El que subió en Tacubaya
Al cadalso de la historia,
Sacrificando tu gloria
Creyó su triunfo más cierto,
Sin ver en su desacierto
Y en su crueldad olvidando,
Que un labio abierto y cantando
Habla menos que el de un muerto

V

De tu existencia temprana
Tronchó la flor en capullo,
Matando en ella al orgullo
De la lira americana.
Tu inspiración soberana
Rodó ante su infamia vil;
Pero tu pluma gentil
Antes de romper su vuelo,
Tomó por página el cielo
Y escribió *el once de Abril*.

III

This the song that rises
From the harp of patriotism;
This the same silence
As liberty which sings,
For in that holy conflict
Where retrocession caused thee pain,
When yielding under the weight
Of that struggle which nothing
Progress rose in joy   [respects,
Above the corpse of the poet.

IV

A monster whose memory
Almost surpasses the dreadful,
Who climed in Tacubaya
To the scaffold of fame.
Sacrificing thy glory he
Believed his triumph more certain,
Seeing not his mistake,
And in his cruelty forgetting
That words and songs are more mute
Than the tongue of the dead.

V

From thy existence
He early tore the budding flower,
Destroying in it the pride
Of the American lyre.
Thy superior inspiration
Revolved before his contemptible
But thy exquisite pen,   [infamy,
Before breaking its flight,
Took heaven for its page
And wrote *the eleventh of April.*

VI

La patria á quien en tributo
Tu santa vida ofreciste,
La patria llora y se viste
Por tu memoria, de luto..
Y arrancando el mejor fruto
De su glorioso vergel,
Te erige un altar y en él
Corona tu aliento noble
Con la recompensa doble
De la palma y el laurel.

VII

Si tu afán era subir
Y alzarte hasta el infinito,
Ansiando dejar escrito
Tu nombre en el porvenir;
Bien puedes en paz dormir
Bajo tu sepulcro, inerte:
Mientras que la patria al verte
Contempla enorgullecida,
Que si fué hermosa tu vida,
Fué más hermosa tu muerte.

1872.

VI

The fatherland to whom thou
Didst offer thy holy life in tribute
Weeps, and is clad
In mourning in memory of thee;
And breaking the best fruit
From its glorious orchard,
Erects to thee an altar, and upon it
Crowns thy noble endurance
With the double reward
Of the palm and the laurel.

VII

If thy anxiety was to climb
And rise to the infinite,
Longing to leave thy name
Written in the future,
Well mayest thou sleep in peace,
Inert within thy tomb,
Whilst thy native land, on seeing thee,
Proudly contemplates
That if thy life was beautiful,
More beautiful was thy death.

1872.

MENTIRAS DE LA EXISTENCIA

DOLORA.

¡ Que triste es vivir soñando
Con un mundo que no existe !
Y qué triste
Ir viviendo y caminando
Sin ver en nuestros delirios,
De la razón con los ojos,
Que si hay en la vida lirios,
Son muchos más los abrojos.

Nace el hombre, y al momento
Se lanza tras la esperanza,
Que no alcanza
Porque no se alcanza el viento ;
Y corre, corre, y no mira
Al ir en pos de la gloria,
Que es la gloria una mentira
Tan bella como ilusoria.

¡ No ve al correr como loco
Tras la dicha y los amores,
Que son flores
Que duran poco, muy poco !
¡ No ve cuando se entusiasma
Con la fortuna que anhela,
Que es la fortuna un fantasma
Que cuando se toca vuela !

THE ILLUSIONS OF EXISTENCE.
DOLOR.

How sad it is to live in a dream
With a world that does not exist!
And how sad
To go on living and walking
Without seeing in our deliriums
Of reason, with our eyes,
That if there are lilies in life
There are many more thorns.

Man is born, and at the moment
He follows hope
Which he reaches not,
Because one cannot overtake the wind;
And he runs, and runs, and sees not,
While going in search of glory,
That glory is an illusion
As beautiful as unreal.

He sees not, while running as though
After happiness and love,   [insane
That they are flowers
Which soon fade, and pass away;
He sees not, when becoming enraptured
With the happiness for which he longs,
That happiness is a phantom
Which flies away at the touch,

Y que la vida es un sueño
Del que, si al fin despertamos,
      Encontramos,
El mayor placer pequeño;
Pues son fuertes los males
De la existencia en la senda,
Que corren allí á raudales
Las lágrimas en ofrenda.

Los goces nacen y mueren
Como puras azucenas,
      Mas las penas
Viven siempre y siempre hieren
Y cuando vuela la calma
Con las ilusiones bellas,
Su lugar dentro del alma
Queda ocupado por ellas.

Porque al volar los amores
Dejan una herida abierta
      Que es la puerta
Por donde entran los dolores;
Sucediendo en la jornada
De nuestra azarosa vida,
Que es para el pesar "entrada"
Lo que para el bien "salida."

Y todos sufren y lloran
Sin que una queja profieran,
      Porque esperan
Hallar la ilusión que adoran..!
Y no mira el hombre triste
Cuando tras la dicha corre,
Que solo el dolor existe
Sin que haya bien que lo borre.

And that life is a dream
From which, if at last we awake,
   We find
The greatest pleasures small ;
For strong are the ills
Of existence in our path
Where the tears run in torrents
As an offering.

The joys are born and die
Like pure white lilies,
    But the sorrows
Always live and always wound ;
And when peace flies
With the beautiful illusions
Its place within the heart
Remains occupied by them.

Because when love flies out
It leaves an open wound
     Which is the door
By which sorrows enter ;
Happening in the journey
Of our unfortunate life,
Which is for the sorrow, "entrance ;"
That which is for welfare, "exit."

And all suffer and weep
Without offering a complaint,
    Because they hope
To find the illusion which they adore.
The sad man does not see,
When he runs after happiness,
That only pain exists
Without any remedy to remove it.

No ve que es un fatuo fuego
La pasión en que se abrasa,
Luz que pasa
Como relámpago, luego :
Y no ve que los deseos
De su mente acalorada
No son sino devaneos,
No son más que sombra, nada.

Que es el amor tan ligero
Cual la amistad que mancilla
Porque brilla
Sólo á la luz del dinero ;
Y no ve cuando se lanza
Loco tras de su creencia,
Que son *la fé y la esperanza*
Mentiras de la existencia.

1868.

He sees not that the passion
Which consumes him is an ignis fatuus,
   A light which passes
As a flash of lightning ; and then
He sees not that the wishes
Inflamed by his mind
Are but mad pursuits ;
They are nothing more than shadows.

(He sees not) That love is as light
As the friendship which offends,
   Because it shines
Only at the light of money ;
And he sees not, when he throws himself
Madly after his belief,
That *faith and hope*
Are illusions of existence.

 1868.

ADIÓS Á MÉJICO.

ESCRITA PARA LA SRA. CAYRÓN Y LEÍDA POR ELLA EN SU FUNCIÓN DE DESPEDIDA.

Pues que del destino en pos
Débil contra su cadena,
Frente al deber que lo ordena
Tengo que decirte *adiós*. ;

Antes que mi boca se abra
Para dar paso á ese acento,
La voz de mi sentimiento
Quiere hablarte *una palabra*.

Que muy bien pudiera ser
Que cuando de aquí me aleje,
Al decirte adiós, te deje
Para no volverte á ver.

Y así entre el mal con que lucho
Y que en el dolor me abisma,
Yo anhelo que por mí misma
Sepas *que te quiero mucho*.

Que enamorada de tí
Desde antes de conocerte,
Yo vine solo por verte,
Y al verte *te puse aquí*.

FAREWELL TO MEXICO.

WRITTEN FOR MRS. CAYRON, AND READ BY HER
AT HER FAREWELL ENTERTAINMENT.

I must say to thee farewell,
For in the face of my duty,
Which ordains the pursuit of my art,
Against its obligations I am weak.

Before uttering a work
To give expression to that thought,
The voice of my sentiment
Would say a word to thee.

It may well be
That when departing
And bidding thee farewell, I leave
To behold thee nevermore.
                         [struggle,
And thus between the ill with which I
And which in sadness plunges me,
I long, for my own sake,
That thou shalt know I love thee much;

That enamored of thee
Since before I knew thee
I only came to see thee,
And seeing, took thee to my heart;

Que mi alma reconocida
Te adora con loco empeño,
Porque tu amor era el sueño
Más hermoso de mi vida.

Que del libro de mi historia
Te dejo la hoja más bella,
Porque en esa hoja destella
Tu gloria más que mi gloria.

Que soñaba en no dejarte
Si no hasta el postrer momento,
Partiendo mi pensamiento
Entre tu amor y él del *arte.*

Y que hoy ante esa ilusión
Que se borra y se deshace,
Siento ¡ay de mí! que se hace
Pedazos mi corazón...

Tal vez ya nunca en mi anhelo
Podré endulzar mi tristeza
Con ver sobre mi cabeza
El esplendor de tu cielo.

Tal vez ya nunca á mi oído
Resonará en la mañana,
La voz del ave temprana
Que canta desde su nido.

Y tal vez en los amores
Con que te adoro y te admiro,
Estas flores que hoy espiro
Serán *tus últimas flores.*

That my greatful soul
Adores thee with a mad ardor,
For thy love was the most beautiful
Dream of my life ;

That from the book of my history
I leave thee the most beautiful leaf,
For on that leaf shines
Thy glory more than mine ;

That I dreamed not of leaving thee
Until at the very last moment,
Dividing my thoughts
Between my love and that of my art ;

And that to-day, before that illusion
Which diminishes and disappears,
I feel, alas ! that
My heart will break.

It may be that in my eagerness
I will never soothe my sadness
By seeing o'er my head
The splendor of thy sky.

Perhaps nevermore in my ear
Will resound in the morning
The voice of the early bird
That sings from its nest.

And perhaps, in that love
With which I adore and admire thee,
These flowers that to-day I exhale
Will be thy last flowers.

Pero si afectos tan tiernos
Quiere el destino que deje,
Y que me aparte y me aleje
Para no volver á vernos;

Bajo la luz de este día
De encanto inefable y puro
Al darte mi *adiós* te juro,
¡ Oh dulce Méjico mía !

Que si *él* con sus fuerzas trunca
Todos los humanos lazos,
Te arrancará de mis brazos
Pero de mi pecho, ¡ *nunca !*

1873.

But if destiny wishes
Me to leave such tender feelings,
And that I separate and leave,
Never again to meet thee,

Under the beams of this day
Of unspeakable and pure charm,
I vow to thee, when bidding thee farewell,
O, my sweet Mexico,

That if He, with his power shall rend
All human ties,
He may tear thee from mine arms,
But never from my heart.

1873.

ESPERANZA.

Mi alma, la pobre mártir
De mis ensueños dulces y queridos,
La viajera del cielo, que caminas
Con la luz de un delirio ante los ojos,
No encontrando á tu paso mas que abrojos
Ni sintiendo en tu frente mas que espinas
Sacude y deja el luto
Con que la sombra del dolor te envuelve,
Y olvidando el gemir de tus cantares
Deja la tumba y á la vida vuelve.

Depón y arroja el duelo
De tu tristeza funeral y yerta,
Y ante la luz que asoma por el cielo
En su rayo de amor y de consuelo
Saluda al porvenir que te despierta.

Trasforma en sol la luna
De tus noches eternas y sombrías;
Renueva las sonrisas que en la cuna
Para hablar con los ánngeles tenías;
Y abrigando otra vez bajo tu cielo,
De tus horas de niña la confianza,
Diles tu último adiós á los dolores,
Y engalana de nuevo con tus flores
Las ruinas del altar de tu esperanza.

HOPE.

My soul, the poor martyr
Of my sweet and cherished dreams,
The wanderer from heaven that journeys
With the light of a delirium before thine eyes,
Finding upon thy path naught but briars,
And feeling upon thy brow naught but thorns
Shake off and leave the sorrow
With which the shadow of grief envelopes thee
And forgetting the moans of thy canticles
Leave the tomb and return to life.

Depose and cast aside the mourning
Of thy gloomy and rigid sadness,
And before the light that shines from heaven,
In its ray of love and consolation,
Greet the future which awakes thee.

Transform the moon of thy
Eternal and dark night into a sun;
Renew the smiles that thou hadst
In thy cradle to commune with the angels,
And sheltering again under thy sky
The hope of thy youth,
Tell them the last farewell of thy sorrows,
And adorn anew with thy flowers
The ruins of the altar of thy hope.

Ya es hora de que altivas
Tus alas surquen el azul como antes;
Ya es hora de que vivas,
Ya es hora de que cantes;
Ya es hora de que enciendas en el ara
La blanca luz de las antorchas muertas,
Y de que abras tu templo á la que viene
En nombre del amor ante sus puertas.

Bajo el espeso y pálido nublado
Que enluta de tu frente la agonía,
Aun te es dado que sueñes, y aun te es dado
Vivir para tus sueños todavía...
Te lo dice su voz, la de aquel ángel
Cuya memoria celestial y blanca
Es el solo entre todos tus recuerdos
Que ni quejas ni lágrimas te arranca...
Su voz dulce y bendita
Que cuando tu dolor aun era niño,
Bajaba entre tus canticos de muerte,
Mensajera de amor á prometerte
La redención augusta del cariño...

Y yo la he visto, ¡ mi alma ! desgarrando
Del manto de la bruma el negro broche
Y encenciendo á la luz de su mirada,
Esas dulces estrellas de la noche
Que anuncian la alborada...
Yo he sentido el perfume voluptuoso
Del crespón virginal que la envolvía,
Y he sentido sus besos, y he sentido
Que al acercarse á mí se estremecía..

It is time that proudly
Thy wings sweep the skies as before;
It is time for thee to live;
It is time for thee to sing;
It is time for thee to kindle upon the altar
The white light of the dead torches,
And time to open thy temple to her who comes,
In the name of love, before its gates.

Under the dense and pallid cloud
With which anguish veils my brow,
Thou yet mayest dream, and yet mayest
Live for thy dreams forever.
The voice of that angel tells it to thee,
Whose pure and celestial memory
Is the only one among all the remembrances
That presses from thee neither tears nor com-
Its sweet and blessed voice   [plaints.
Which, when thy sorrow was yet young,
Descended amid the songs of death,
A messenger of love, to promise thee
The august redemption of affection.

I have seen it, my soul, tearing
The dark clasp from the cloak of the mist,
And enkindling at the light of its gaze
Those lovely stars of night
That announce the break of day.
I felt the voluptuous fragrance
Of the pure crape which enveloped it;
I felt his kisses, and I felt
That it trembled as it approached me.

¡Sí, mi pobre cadáver, desenvuelve
Los pliegues del sudario que te cubre
Levántate, y no caves
Tu propia tumba en un dolor eterno!.
La vuelta de las aves
Te anuncia ya que terminó el invierno
Saluda al sol querido
Que en el levante de tu amor asoma,
Y ya que tu paloma vuelve al nido,
Reconstrúyele el nido á tu paloma.

1872.

Yes, my poor mortal frame, unfasten
The folds of the sheet that covers thee;
Arise, and dig not
Thine own grave in an eternal sorrow.
The return of the birds
Announce to thee the end of winter;
Greet the beloved sun
That rises in the morning of thy love,
And now that thy dove returns to its nest,
Rebuild the nest for thy dove.

    1872.

AL RUISEÑOR MEJICANO

Hubo una selva y un nido
Y en ese nido un jilguero
Que alegre y estremecido,
Tras de un ensueño querido
Cruzó por el mundo entero,

Que de su paso en las huellas
Sembró sus notas mejores,
Y que recogió con ellas
Al ir por el cielo, estrellas,
Y al ir por el mundo, flores.

Del nido y de la enramada
Ninguno la historia sabe;
Porque la tierra admirada
Dejó esa historia olvidada
Por escribir la del ave.

La historia de la que un dia,
Y al remontarse en su vuelo,
Fué para la patria mía
La estrella de más valía
De todas las de tu cielo.

La de aquella á quien el hombre
Robará el nombre gaiano
Que no hay á quien no le asombre,
Para cambiarlo en el nombre
De Ruiseñor mejicano.

TO THE MEXICAN NIGHTINGALE

There was a forest and a nest
And in that nest a linnet
Who, merry and trembling,
Crossed the whole world
After a cherished dream,

And sowed his best notes
In the tracks of his steps,
And who gathered with them
The stars while passing through the skies
And flowers while going through the world.

Of the nest and the bower
No one knows the history;
For the earth, in admiration,
Left the story forgotten
In writing that of the bird;

The history of the bird which, once
Rising in its flight,
Was, for my fatherland,
The star most highly prized
Of all its heaven;

The history of that bird from which man
Will rob the gallant name,—
And there is none 't will not astonish,—
To change it into that
Of the Mexican Nightingale.

Y de la que al ver perdido
Su nido de flores hecho,
Halló en su suelo querido
En vez de las de su nido
Las flores de nuestro pecho.

Su historia... que el pueblo ardiente
En su homenaje más justo
Viene á adorar reverente
Con el laurel esplendente
Que hoy ciñe sobre tu busto.

Sobre esa piedra bendita
Que grande entre las primeras,
Es la página en que escrita
Leerán tu gloria infinita
Las edades venideras;

Y que unida á la memoria
De tus hechos soberanos,
Se alzará como una historia
Hablándoles de tu gloria
A todos los mejicanos.

Porque al mirar sus destellos
Resplandecer de este modo,
Bien puede decirse entre ellos
Que el nombre tuyo es de aquellos,
Que nunca mueren del todo.

1872.

And that bird, at seeing
Its nest, made of flowers,
Found on its beloved soil,
Instead of those of its nest,
The flowers from our hearts.

Thy history, which the fervent people,
In their most just obeisance,
Come to respectfully adore
With the glittering laurel
Which to-day crowns thy bust,

On that blessed monument,
Great among the first,
Is the page on which the
Future ages will see
Thy infinite glory written;

And which, united to the memory
Of thy superior deeds,
Will rise like a history
Speaking of thy glory
To all the Mexicans,

For seeing thus
Its lustre shining
Well may it be said among them
That thy name belongs to those
That nevermore can die.

1872.

Á LA PATRIA.

COMPOSICIÓN RECITADA POR UNA NIÑA EN TACUBAYA DE LOS MÁRTIRES, EL 16 DE SFTIEMBRE DE 1873.

Ante el recuerdo bendito
De aquella noche sagrada
En que la patria aherrojada
Rompió al fin su esclavitud;
Ante la dulce memoria
De aquella hora y aquel día,
Yo siento que en la alma mía
Canta algo como un laúd.

Yo siento que brota en flores
El huerto de mi ternura,
Que tiembla entre su espesura
La estrofa de una canción;
Y al sonoroso y ardiente
Murmurar de cada nota,
Siento algo grande que brota
Dentro de mi corazón.

¡ Bendita noche de gloria
Que así mi espíritu agitas,
Bendita entre las benditas
Noche de la libertad !
Hora de triunfo en que el pueblo
Al sol de la independencia,
Dejó libre la conciencia
Rompiendo la oscuridad.

TO THE FATHERLAND.

A COMPOSITION RECITED BY A GIRL IN TACUBAYA DE LOS MÁRTIRES, SEPTEMBER 16TH, 1873.

At the blessed memory
Of that sacred night
In which my shackled fatherland,
At last broke its bondage ;
At the sweet remembrance
Of that hour and that day,
I hear within my heart
Something like the song of a lute.

I feel the abundance of my emotions
Breaking out in blossoms,
And among their clusters
Trembles the strophe of a song ;
And at the sonorous and ardent
Murmuring of each note,
I feel something great which springs
In the depth of my heart.

Blessed night of glory
That thus thou stirrest my spirit ;
Night of liberty,
Blessed among the blest !
Hour of triumph in which the people
At the light of independence,
Breaking through darkness,
Left conscience free.

Yo te amo .. y al acercarme
Ante este altar de victoria
Donde la patria y la historia
Contemplan nuestro placer ;
Yo vengo á unir al tributo
Que en darte el pueblo se afana
Mi canto de mejicana,
Mi corazón de mujer.

1873.

I love thee,—and as I step
Before the altar of victory
Where the fatherland and its history
Gaze on our joy,
I come to unite to the tribute
Which the people are eager to give
My true Mexican song ;   [thee,
My true woman's heart.

   1873.

POEMS
OF
MANUEL CARPIO

MÉJICO.

Espléndido es tu cielo, patria mia,
De un purísimo azul como el zafiro.
Allá tu ardiente sol hace su giro,
Y el blanco globo de la luna fria.

¡ Qué grato es ver en la celeste altura
De noche las estrellas á millares,
Canope brillantísimo y Antáres,
El magnífico Orion y Cinosura.

La Osa mayor, y Arturo relumbrante,
El apacible Júpiter y Tauro,
La bella Cruz del Sur, y allí Centauro,
Y tú el primero ¡ oh Sirio centelleante !

¡ Qué soberbios y grandes son tus montes
¡ Cómo se elevan hasta el alta cielo !
¡ Cuán fértil, cuán espléndido es tu suelo !
¡ Qué magnífiicos son tus horizontes !

Tus inmensas cadenas de montañas
Hendidas por hondísimos barrancos,
Coronados están de hielos blancos,
Y en la falda dan humo las cabañas.

Mil espantosos cráteres se miran
En la cima de montes y collados,
Unos quedaron quietos y apagados,
Otros sus llamas con furor respiran.

MEXICO.

How beautiful are thy heavens, my fatherland,
Which, as the sapphire, are of purest blue.
There thy brilliant sun doth make his circuit,
And the white globe of the cold moon.

How delightful to behold at night
The stars, by thousands, in the heavenly dome—
A brilliant canopy : the Scorpion's Heart ;
Magnificent Orion, and the Polar Star ;

Ursa Major, and the Great Bear shining bright ;
Placid Jupiter and Taurus ;
The beautiful Southern Cross, and there Centaur ;
And thou, the first, O, sparkling Sirius !

How grand and lofty are thy mountains !
How they pierce into the skies !
How fertile and how beautiful is thy soil !
How magnificent thy horizon !

Thine immense chains of mountains,
Cleft by the deepest ravines,
Are crowned with white frost,
And from their brows rise the smoke of the cabins

A thousand frightful craters are seen
On the summits of mountains and hills,
Some remaining dormant and extinguished
While others furiously vomit forth their flames.

Terrible es ver desde una excelsa cumbre
Allá abajo las negras tempestades,
Y brillar en las vastas soledades
De grandiosos relámpagos la lumbre.

El Popocatepetl y el Orizava
El suelo oprimen con su mole inmensa,
Y están envueltas entre nube densa
Sus cúspides de hielos y de lava.

Allí los ciervos de ramosas frentes
El bosque cruzan á ligeros saltos,
Y entre los pinos y peñascos altos
Se derrumban las aguas á torrentes.

Tus volcanes de inmensa pesadumbre
Asombran con sus peñas corpulentas;
Braman entre sus bosques las tormentas
Y un cráter es su procelosa cumbre.

Globos de fuego arrojan de sus bocas,
Columnas de humo y grandes llamaradas,
Ardiente azufre, arenas inflamadas,
Negro betun y calcinadas rocas.

Entónces se conmueve el fundamento
De los montes azules, y en contorno
A cien leguas se extiende de aquel horno
El rudo y formidable movimiento.

El magnífico Dios de las naciones
Al repartir al mundo su tesoro,
"Tenga Méjico, dijo, plata y oro,"
Y en tí vertió sus opulentos dones.

From a lofty peak how terrible to behold
The murky tempests far below,
And in the vast solitudes
The flash of the magnificent lightning.

Popocatepetel and Orizaba,
Crush the ground with their enormous massiveness,
And their cuspises of ice and lava
Are enveloped in a dense cloud.

There the deer, with antlered forhead,
Cross the woods with graceful bounds,
And among the pines and elevated cliffs
The waters dash in torrents.

How awe-inspiring are thine immense volcanoes
With their ponderous rocks;
Among thy wooded mountains roar the tempest,
And their stormy summit is a crater.

Globules of fire are hurled from their mouths;
Columns of smoke and grand flashes of fire;
Burning sulphur, glowing sands,
Black pitch and calcined stones.

Then the foundation of the blue mountains
Trembles, and from this furnace
The rude and tremendous shaking
Extends for a hundred leagues around.

The great God of all nations said,
When distributing His treasures over the land,
"Let Mexico have silver and gold,"
And poured on thee His affluent gifts.

De tristes cerros la nubosa cima
Y en sus abismos la fecunda tierra,
Ricos metales sin medida encierra,
Que el hombre vil más que el honor estima.

La África rica, á quien el sol abruma,
La Europa y Asia henchidas de grandezas,
No tienan las espléndidas riquezas
Que la patria que fué de Moctezuma.

A Méjico el Criador en sus bondades
Le ha dado un aire diáfano y sereno,
Aguas hermosas, fértil el terreno,
Verdes campiñas, ínclitas ciudades.

Mas ¡ ay ! que las ciudades que algun dia
Fuéron su escudo y su brillante gloria,
Sólo nos han dejado su memoria
En sus escombros y ceniza fria.

¡ Qué grato es ver los altos cocoteros,
Ceder al peso de sus frutos ricos,
Y flotar sus flexibles abanico
Al soplo de los céfiros ligeros !

Hermoso es ver, en la estacion florida,
Altos naranjos exhalando aromas ;
Allí descansan tímidas palomas,
Y la sencilla tórtola se anida.

Crecen los espinosos limonares
Bajo los tamarindos bullidores,
Y en torno brotan delicadas flores
Y en torno silban anchos plantanares.

The cloudy peaks of the gloomy hills
Contain, in the depths of their fertile soil,
Rich metals without measure,
By sordid man more prized than honor.

Rich Africa, by the sun oppressed ;
Europe and Asia, replete with grandeurs,
Boast not the splendid treasures
Of the fatherland of Moctezuma.

The Creator, in his goodness,
Gave to Mexico an atmosphere both clear and calm
Lovely waters, fertile lands,
Green fields and famous cities.

But alas ! for the cities that once
Were its shield and its brilliant glory
Have only left for us the remembrance
In their ruins and cold ashes.

How beautiful to behold the tall cocoa palms
Yielding to the weight of their rich fruit ;
To see their flexible fans
Waving in the breath of the light zephyrs.

How beautiful to behold, in the season of flowers,
The tall orange trees exhaling their fragrance
Where the timid pigeons repose
And the artless turtle-dove nestles.

The thorny lime trees grow
Beneath the rustling tamarinds ;
And all around bloom delicate flowers,
And all around sigh the great plantain trees.

Allá en Oajaca embelesado admiro
En la campiña fértil y lozano,
Verdes nopales de esplendente grana,
Hermosa cual la púrpura de Tiro.

En las selvas revuelan los zorzales,
Merlas, tucanes de plumajes gayos,
Encarnados y verdes papagayos,
Tordos azules, rojos cardenales.

Colibrís mil de bullicioso vuelo
De azules plumas, verdes y doradas,
Del viajero arrebatan las miradas,
Como el arco magnífico del cielo.

En Méjico plantó naturaleza
Bosques inmensos de árboles salvajes,
Bajo cuyos densísimos follajes
Se propaga intrincada la maleza.

Allí el tigre feroz de ojos altivos
Embiste al toro montaraz y al ciervo,
Y la sangre les bebe aquel protervo,
Les bebe á caños aún estando vivos.

Allí la bóa gigantesca oprime
En sus inmensos círculos el tronco
Del ancho cedro, y su silbido bronco
Se oye á lo léjos con terror sublime.

Y esa serpiente en su furor provoca
Al mismo tigre que al desierto espanta
Y lo liga y lo estrecha y lo quebranta,
Y le hace hechar la sangre por la boca.

Yonder in Oajaca with rapture I admire,
In the fertile and luxuriant fields,
The green nopal with the splendid cochineal,
As beautiful as Tyrian purple.

In the forests the thrushes fly about;
Blackbirds, and gay plumaged peppereaters;
Scarlet and green parrots;
Blue thrushes, and red nightingales.

A thousand buzzing hummingbirds
With blue feathers, green and gilt,
Charm the gaze of the wanderer
Like the magnificent rainbow of the heavens.

In Mexico nature planted
Vast forests of wild trees,
Under whose dense foliage
The intricate underbrush thrives.

There the ferocious tiger, with haughty eyes,
Attacks the wild bull and the stag;
And that insolent brute laps their blood,
Drinking it in gulps, while yet they live.

There the gigantic boa squeezes,
In its enormous coils, the trunk
Of the stout cedar; and its coarse hissing
Is heard, with sublime dread, in the distance.

And that serpent provokes, in its rage,
Even the tiger, which it chases to the desert,
And winds around, crushes and grinds him
Until the blood streams from his mouth.

Así en el mundo en merecido pago,
El orgulloso al orgulloso doma,
Así en un tiempo la altanera Roma
Quebrantó la soberbia de Cartago.

En el desierto grave y silencioso,
Entre sus melancólicas palmeras,
Se deslizan las víboras ligeras,
O estánse quietas en falaz reposo.

Terribles es ver aquel su atrevimiento
Aquellos ojos como fuego puro,
Aquel mirar tan fijo y tan seguro,
Que infunden el terror y el desaliento.

Terrible son sus agitados cuellos,
Y aquella lengua rápida y vibrante,
Y aquel cuerpo tan ágil y ondulante,
Y aquel silbar que eriza los cabellos.

Allí revuelven los halcones vagos,
Y las gloriosas águilas se lanzan,
Y en su raudo volar la nube alcanzan,
O leves tocan los risueños lagos.

Juega aquí la zarceta, y entretanto,
El ánsar con estrépito se baña,
Miéntras el tordo en la flexible caña
Entona triste su sencillo canto.

Mil pájaros acuáticos azotan
Con sus alas la esplendida laguna,
Y á la luz apacible de la luna
Nadan tranquilos, ó en el agua flotan.

Thus, in the world, the proud
Subdues the proud with a merited reward;
Thus, at one time, did haughty Rome
Crush the pride of Carthage.

On the vast and silent desert,
Among the melancholy palms,
The swift vipers glide past,
Or remain quiet in a treacherous repose.

Terrible it is to see their boldness;
Those eyes like blazing fire;
That fixed and steady look,
Infusing terror and dismay.

Frightful to see their agitated necks,
And that rapid darting tongue;
That agile and undulating form,
And hear the hissing that lifts the hair on end.

There the restless hawk circles
And the glorious eagles dart;
And in their rapid flight they reach the clouds,
Or lightly touch the smiling lakes.

Here the widgeon sports, while
The goose bustles in his bath,
And the thrush on the flexible reed
Sends forth his plaintive and simple song.

A thousand aquatic birds splash
With their wings the enchanting lagoon,
And in the gentle light of the moon
Tranquilly they swim or float upon the water.

La triste garza estólida se pára
Junto á la blanca flor de la ninfea,
Y posada en un pié no se menea,
Cual si fuera de marmol de Carrara.

Los soberbios nenúfares ofrecen
Flores de oro y azul, bellas y ricas :
Las espadañas con sus verdes picas
Al fresco viento lánguidas se mecen.

En las selvas, abrigo de las fieras,
Con las lluvias de férvidos estíos,
Se ven crecer los bramadores ríos
Que anegan y fecundan sus riberas.

Undoso corre el bárbaro Mescala,
El selvoso del Norte, el Alvarado,
El soberbio de Lerma tan nombrado,
Que las olas enturbia de Chapala.

Arranca el agua en su veloz corriente
Palmas y sauces, álamos y pinos,
Y envueltos en ruidosos remolinos
Lanza sus troncos en la mar hirviente.

Así la vida pásase, y ligera
En su curso á los hombres arrebata :
Van encantados con la orilla grata
Y entran por fin al mar que los espera.

En las grandes sabánas á millares
Vuelan libres sus bárbaros caballos,
O quietos se apacientan con los tallos
De blandas yerbas, sin temor de azares.

The mournful heron stands stolidly
By the side of the white flower of the water-lily,
Posed upon one foot, motionless
As if made of Carrara marble.

Proud water-lilies offer blue
And golden flowers, beautiful and rich;
The reed-mace, with its green pikes,
Languidly rocks in the fresh breeze.

In the forests, the home of the wild beasts,
Behold the roaring rivers rising
With the rains of ardent summer
Which inundate and fertilize their shores.

The wild Mescala takes its wavy course,
The wood fringed Alvarado of Del Norte,
And the proud and famous Lerma
That darkens the waters of Chapala.

Then palms and willows, poplars and pines,
Torn up in the torrent's mad career
And wrapped in the noisy whirlpool
Their trunks are cast in the boiling sea.

Thus life passes, and suddenly
In its course it snatches man:
Enchanted he walks the delightful shore
To enter at last the ocean that awaits him.

Upon the great prairies thousands
Of wild horses roam in freedom,
Or quietly and undisturbed
Graze on the blades of the tender grass.

Al oir del salvaje el alarido,
Al retumbar el trueno en los desiertos,
Aquellos brutos, ágiles é inciertos
Corren haciendo un espantoso ruido.

Suelta la crin al viento vagaroso,
Noble la frente, y levantado el cuello,
Grande su pecho, ardiente su resuello,
Saltan la rambla, el valladar y el foso.

Mas ya escucho bramar tus huracanes
Que cabañas sin cuento echan abajo,
Y que arrancan los árboles de cuajo,
Como si fueran tiernos arrayanes.

Nubes de polvo y de menuda arena
Girando se levantan hasta el cielo,
Y á lo léjos se extiende oscuro velo,
Y el ancho bosque con el viento suena.

Se lanzan las olas y los mares rugen,
Y en las playas se azotan formidables,
Miéntras los gruesos y tirantes cables
De los navíos, con espanto crugen.

Pero cansada de volar mi mente,
Cede al peso de tanta maravilla,
Y aquí en el polvo sin vigor se humilla,
Y se anonada de rubor mi frente.

Más fácil fuera de tus bosques grandes
Contar las hojas que arrebata al viento,
Enfrenar de la mar el movimiento,
O levantar la masa de los Andes;

On hearing the howl of the beasts
And the thunder pealing in the solitudes,
These shy and agile creatures
Break into a noisy and frightful stampede.

With manes flying in the swift breeze;
With noble brow, the head uplifted;
With broad chest and fiery breathing,
They leap over sands, fences and ditches.

But hark! the roaring of the hurricane
Demolishing cabins without number,
And tearing up the trees by their roots
As if they were young myrtles.

Clouds of dust and fine sand
Rise in circles to the skies,
While in the distance a dark veil spreads
And the vast forests resound with the tempest;

The waves rise and the oceans roar
Lashing the shores with terrible fury,
While the taut and stout
Cables of the ship with terror creak.

But my mind, tired of its flight,
Yields to the weight of so many wonders,
And overwhelmed, here in the dust,
I bend my brow in humble adoration.

Easier it were to count the leaves
Of thy great forests, snatched by the winds;
To restrain the movements of the sea,
Or to raise the mass of the Andes,

Que pintar tus arroyos y tus flores,
Tus verdes campos y apacibles grutas,
Y tus perfumes y sabrosas frutas,
Y tus aves de espléndidos colores;

Y tus colinas y praderas gratas,
Tus soledades, lagos y bajíos,
Tus grandes montes y soberbios ríos,
Tus abismos é hirvientes cataratas.

Mas ¡ay! que á tal grandeza y tanta gloria
Se mezcla involuntario el desconsuelo
De que nos sobreviva acá en el suelo
Un vil cipres, indigno de la historia.

Es mi voto postrero patria mia,
Pedirle al cielo que dichosa seas;
Pedirle al cielo que otra vez te veas
Como en un tiempo cuando Dios quería.

Él te devuelva tu riqueza y galas,
Y te enjugue tus lágrimas hermosas,
Y te corone de laurel y rosas,
Y te cubra benigno con sus alas.

Trigo abundoso brote en tus llanuras,
Broten las yerbas en tus verdes prados,
El llano y monte cubran los ganados,
Y al márgen pasten de las aguas puras.

Á tu seno retorne la alegría,
Se unan tus hijos con amante lazo,
Suelte las armas tu cansado brazo,
Como en un tiempo cuando Dios quería.

Than to depict thy brooks and thy flowers;
Thy verdant fields and quiet nooks;
Thy perfumes and delicious fruits;
Thy birds of brilliant hues;

Thy lovely hills and meads;
Thy solitudes, lakes and shoals;
Thy great mountains and proud rivers;
Thy chasms and boiling cataracts.

But alas! that with so much greatness and glory
Affliction should involuntarily mingle;
That here on earth sad memories should linger
To outlive us, unworthy of thy history.

It is my last wish, dear fatherland,
To ask heaven to make thee happy;
To ask heaven to place thee again
As in the time when God created thee.

May He return to thee thy wealth and pomp,
And dry thy beautiful tears,
And crown thee with laurels and roses,
And shelter thee benignly under his wings.

May abundant grain grow on thy plains
And herbs sprout upon thy green meadows;
May cattle rove thy plains and mountains
And pasture on the banks of thy limpid waters.

May joy return to thy bosom;
May thy sons unite in loving ties,
And thy weary hand lay aside the arms of war,
As in the time when God created thee.

De la prosperidad, en fin, la copa,
Benigno el cielo sobre tí derrame,
Miéntras el mar enfurecido brame
Entre tus playas y la altiva Europa.

May heaven thus benignly pour
Upon thee the cup of prosperity,
While the tempestuous ocean roars
Between thy shores and haughty Europe.

MÉJICO EN 1847.

¿Quién me diera las alas de paloma
Para cruzar los montes y los ríos,
Los mares nebulosos y bravíos,
Y llegar hasta el lago de Sodoma?

Quiero sentarme al pié de una coluna
De la famosa y trágica Palmira,
Y allí entre escombros que el viajero admira
Quiero llorar al rayo de la luna.

Quiero pisar las playas del mar Rojo
Y la arena del bárbaro desierto,
Y andar vagando con destino incierto,
Y allá ocultar mi llanto y mi sonrojo.

Yo ví en las manos de la patria mia
Verdes laureles, palmas triunfadoras,
Y brillante con glorias seductoras
Yo la ví rebosar en alegría.

Yo ví á las grandes é ínclitas naciones
En un tiempo feliz llamarla amiga;
Y ella, despuesta el asta y la loriga,
A la sombra dormir de sus pendones.

Mas la discordia incendia con su tea
Desde el palacio hasta la humilde choza;
Bárbara guerra todo lo destroza,
Todo se abrasa y en contorno humea.

MEXICO IN 1847.

Oh! give me the wings of a dove
To cross the mountains and the rivers;
The misty and angry seas,
And to arrive at the lake of Sodom!

Oh! to rest at the foot of a column
Of famous and tragic Palmyra,
And there amidst the ruins, by wanderers ad-
Let me weep in the moonlight.   [mired

I would tread the shores of the Red sea,
And the sands of the wild desert,
Roving about with uncertain destiny,
There to conceal my grief and sorrow.

I saw, in the hands of my native land,
Green laurels and triumphant palms;
And radiant with captivating splendors
I saw it overflow with joy.

I saw great and illustrious nations
Calling it friend, in a happy time;
And, deposing the spear and armor,
It slumbered in the shade of its pennons.

But discord kindles with its torch
From the palace to the humble cottage,
While cruel war its destruction brings,
And all is burnt and rises in smoke.

Armadas con sacrílegas espadas
Sin piedad se degüellan los hermanos,
Y alzan al cielo pálidas las manos,
Manos en sangre fraternal bañadas.

¿Cuál es el campo que la guerra impía
Una vez y otra vez no ha ensangrentado?
¿Y cuál de las montañas no ha temblado
Al trueno de pesada artillería?

¿Qué ciudades, qué pueblos y desiertos
No han visto los más bárbaros estragos?
¿Dónde están los arroyos y los lagos
Que no tiñó la sangre de los muertos?

En medio á tanto mal, el incensario
Llenó de humo los templos ofendidos;
Y cánticos, y lloros y gemidos
Sonaron en el lúgubre santuario.

En vano todo; el indignado cielo
A Méjico en su angustia desempara,
Y el terrible Jehová vuelve la cara
A los pueblos sencillos de otro suelo.

En tanto se levanta pavorosa
Allá en el aquilon negra tormenta,
Y en la abatida Méjico revienta
Y rayos mil y mil lanza estruendosa.

Yo ví del Norte carros polvorosos,
Y ví grandes caballos y cañones,
Y ví los formidables batallones
Tomar trincheras y saltar los fosos.

Armed with sacrilegious swords,
Brothers, without mercy, behead each other,
And raise to heaven their pallid hands,
Bathed in fraternal blood.

Where is the ground on which, at some time,
Impious war has not left its gory mark?
And what mountains have not shaken
At the thunder of heavy artillery?

What cities, what villages or deserts,
Have not seen the most cruel ravages?
Where are the brooks and the lakes
Untinged by the blood of the slain?

In the midst of so much misery the incensory
Filled the angered temples with incense;
And chants, and weeping and wailing,
Resounded in the mournful sanctuary.

All in vain; the indignant heavens
Forsake Mexico in her anguish,
And terrible Jehovah turns his face
To the simple people of another land,

While terribly the dark tempest
Rises yonder in the north
And breaks loose over dejected Mexico,
Hurling thousands of crashing thunderbolts.

From the north I saw dusty wagons,
And strong horses and cannons;
And I saw formidable battallions
Taking trenches and jumping ditches.

En las calles de Méjico desiertas
Ví correr los soldados extranjeros,
Ví relumbrar sus fúlgidos aceros,
Y ví las gentes pálidas y yertas.

Y ví tambien verter la sangre roja,
Y oí silbar las balas y granadas,
Y ví temblar las gentes humilladas,
Y ví tambien su llanto y congoja.

Llorad, hijas de Méjico, dolientes
En las tristes orillas de los ríos,
Y bajo de los árboles sombríos
Al estruendo gemid de los torrentes.

Todo en la vida á llanto nos provoca;
Gemid, pues, en los campos y ciudades,
Cual gime en las profundas soledades
El ave solitaria de la roca.

Quitad del cuello el oro y los diamantes
Y de luto tristísimo vestíos;
¿Porqué ostentar ni galas ni atavíos
En tiempos congojosos y humillantes?

Es hora de llorar, huya la risa
De vuestros labios rojos é inocentes,
Estampad en el polvo vuestras frentes,
En ese polvo que el normando pisa.

Yo tambien lloraré tantos pesares,
Y al enojado cielo haré plegarias,
En medio de las noches solitarias,
En las remotas playas de los mares.

On the deserted streets of Mexico
I saw the foreign soldiers running;
I saw their shining sabres glittering,
And the people pallid and awe-stricken.

I also saw the red blood shed,
And heard the whizzing of bullets and hand-
I saw the humbled people trembling, [grenades;
And also their lamentations and anguish.

Weep, ye daughters of Mexico, mourning
Upon the sad shores of the rivers;
And beneath the shady trees,
And beside the roaring torrents wail ye.

All in life excites us to sorrow;
Then mourn o'er fields and cities,
Like the lonely bird mourning
Upon the rock in the deep solitude.

From your throats tear the gold and diamonds,
And clothe in deepest mourning!
Why display finery and pomp
In sad and humiliating times?

It is time to weep; let the smile vanish
From your red and innocent lips;
Press your brows in the dust
Upon that earth which the northman treads.

I too will weep o'er so much sorrow,
And in the midst of the lonely nights.
I will raise my prayers to the frowning heavens
On the shores of the remotest oceans.

Esas mismas naciones que algun día
Con rosas coronaron tu cabeza,
Hoy te burlan ¡ oh patria ! con vileza,
Y todas te escarnecen á porfía.

"¿Cómo es, dicen soberbias, que humillada
Sin trono está la reina de Occidente?
¿Quién la diadema le arrancó á su frente?
¿En dónde está su formidable espada?

"Sus hijos sin pudor y afeminados
Se espantan del cañon al estallido,
Y de las balas al fugaz silbido
Huyen sus capitanes y soldados.

"¿En dónde está su orgullo y ardimiento?
¿Sus laureles en dónde y sus hazañas?
Son como viles y quebradas cañas
Que abate el soplo de un ligero viento."

Otros burlan tambien nuestros errores,
Abran su historia y cállense sus labios :
No volvamos agravios por agravios :
Que nos dejen llorar nuestros dolores.

Feliz ¡ ay ! muy feliz el mejicano
Que al golpe de mortífera metralla
Ha espirado en el campo de batalla,
Antes de ver el ceño del tirano.

Mejor me fuera en tierras muy remotas
Vivir entre escorpiones y serpientes,
Que mirar humilladas nuestras frentes
A fuerza de reverses y derrotas.

Those same nations which one day
Crowned thy head with roses,
To-day, O, fatherland, they mock thee!
And all deride thee with tenacious infamy.

"How is it," they haughtily say, "that the [Queen
Of the West is humbled and without a throne?
Who tore the diadem from her brow?
Where is her formidable sword?

"Her sons, effeminate and without shame,
Take fright at the blast of the cannon,
And her captains and soldiers fly
From the swift whizzing of the bullets.

"Where is her pride and her valor?
Where is her glory and her exploits?
They are like broken and worthless reeds,
Blown down by the breath of a breeze."

Others also ridicule our errors;
Let them open their history and be silent:
May we not return insult for injury,
And may they leave us to mourn our sorrows.

Happy, ah! most happy the Mexican
Who has expired in the battle-field,
By the deadly grape-shot,
Before seeing the tyrant's oppressive aspect.

Better it were for me to live
In distant lands, among scorpions and serpents,
Than to see our pride humbled
By force of reverses and defeats.

Mas, pise yo la patagonia playa,
O ya escuche del Niágara el estruendo,
Ya los helados Alpes esté viendo
O contemple el magnífico Himalaya;

Allá en la soledad ¡oh patria mia!
Siempre estarás presente en mi memoria
¿Cómo olvidar tu congojosa historia?
¿Cómo olvidar tu llanto y tu agonía?

Antes del sauce nacerá la rosa,
Y crecerán las palmas en los mares,
Que me llegue á olvidar de mis hogares,
Que te pueda olvidar, Méjico hermosa.

¡Roma, patria de Cúrios y Catones!
Compadezco tu suerte lamentable:
Leyes te dieron con sangriento sable
Del Norte los terribles batallones.

Los viles é insolentes pretorianos
Desgarraron tus leyes con la espada,
La toga veneranda fué pisada
Mil veces por brutales veteranos.

¡Patria infeliz! sin Cúrios ni Catones
Ha sido tu destino lamentable:
Leyes te dieron con sangriento sable
Del Norte los terribles batallones.

Tú tambien has sufrido mil tiranos
Que pisaron las leyes y la toga,
Y que apretaron con sangrienta soga
Tu cuello tierno y tus cansadas manos.

But were I to tread on Patagonia's shores,
Or now listening to Niagara's roaring,
Or now gazing on the frozen Alps,
Or contemplating the grand Himalayas;

There, O, my fatherland! in the solitude
Forever in my memory thou wouldst dwell.
How forget thy sorrowful history?
How forget thy misery and thine anguish?

Sooner the rose will bloom on the willow
And palms spring from the ocean,
Than that I should forget my home,
And forget thee, beautiful Mexico.

Rome, land of the Curiæ and Catonians,
I pity thy lamentable fate:
The awful battallions from the north
Gave thee laws with the sanguinary sabre.

The wicked and insolent pretorians
Tore thy laws with the sword,
And brutal veterans trampled under foot
Thy dignity a thousand times.

Unhappy fatherland! with neither Curiæ nor
Thy fate has been lamentable: [Catonians
The dreadful battallions from the north
Gave thee also laws with a sanguinary sabre.

Thou, too, hast suffered a thousand tyrants
Who trampled upon thy laws and thy dignity,
And who tightened the bloody cord
Upon thy tender neck and weary hands.

Mas basta ya.   Quiero alas de paloma
Para cruzar los montes y los ríos.
Los mares nebulosos y bravíos,
Y llegar hasta el lago de Sodoma.

Quiero pisar las playas del mar Rojo
Y la arena del bárbaro desierto,
Y andar vagando con destino incierto
Y allá ocultar mi llanto y mi sonrojo.

But enough. O for the wings of a dove
To cross the mountains and rivers,
The misty and angry seas,
And arrive at the lake of Sodom ;

And to tread the shores of the Red sea
And the sands of the wild desert,
Aimlessly to rove about,
And there to conceal my anguish and my grief.

EL POPOCATEPETL.
ODA.

    Cuando á subir algun mortal se atreve
A la cumbre nevada y solitaria
Del Popocatepetl, el alma apénas
Basta á gozar sublimidad tan varia.
Se huellan faldas plácidas y amenas,
Se entra en sus bosques tristes y sombrosos
Todos formados de silvestres pinos,
De abetos resinosos y de encinas.
En tan callada soledad los ojos
Ven arboledas y peñascos duros,
Heno blanquizco y ásperos abrojos.
Y óyese en tanto, con terror secreto,
De secas hojas uniforme ruido
Cuando en el suelo, tristemente caen,
Y de los troncos áspero crugido.

    En los confines de esta inmensa faja
Tan selvosa y magnífica, se mira
Sólo la zarza y amarillo musgo,
Y algun pájaro triste, que en la calma
Entona solitario, ó bien suspira,
Lánguido canto que entristece el alma.

    ¿Cómo bárbaro el pié puede adelante,
Atrevido pasar? ¿Cómo no tiembla
Al tocar de los hielos, solitarios

MOUNT POPOCATEPETL.
ODE.

When some mortal dares to climb
The lone and snowy peak
Of Popocatepetl, his soul hardly
Suffices to enjoy such varied sublimity.
He treads peaceful and elegant slopes,
And enters its gloomy and shady woods,
Composed of wild pines,
Of resinous fir and oaks.
In such silent loneliness he gazes
On solid groves and cliffs;
Whitish moss and rough thorns,
While he hears, with secret fear,
The dry leaves' uniform sound
As sadly they fall to the ground,
And the harsh creaking of the trunks.

In the confines of this vast, woody
And magnificent border, he sees
Only the bramble and yellow moss,
And some sad bird which, in the lonely
Solitude, sings or sighs
A mournful tune that saddens the heart.

How can he audaciously dare
To trespass further? Does he not tremble
With awe when touching those hard eternal

Las masas eternales de diamante?
Allí en la soledad más espantosa
Intrépido el viajero se adelanta
Sin hallar en su marcha perezosa
Ni una ave, ni un insecto, ni una planta.
Míranse allí peñascos destrozados,
Llenos de ampollas, negros y fundidos,
Y montones de arena y de ceniza,
Embargados en tanto los sentidos
Entre ruinas tan vastas y tremendas,
Se ocupa el alma en pensamientos graves,
Y el pié vacila en pavorosas sendas:
En el desierto horrible de la Arabia
No reina tal silencio, pues que apénas
Lo interrumpen los pasos del viajero
Y algun retumbo que, de cuando en cuando
Suena á lo léjos como el Ponto fiero.
Entre pavor y admiracion sublime
Se llega sin saberlo á las orillas
De un abismo espantoso... él es, el cráter:
Aquí tiemblan las débiles rodillas,
Se erizan los cabellos, y el osado
A su pesar exangüe retrocede,
O en vértigo mortal queda postrado.
Mas ya pasada la impresion primera
Apénas bastan los absortos ojos
A contemplar escena tan grandiosa.
¡ Qué abismo tan inmenso! ¡ Qué espontosa
Profundidad preséntase á la vista!
Leve el humo de azufre se levanta
Del insondable cráter, cuyo seno
Retumba á ratos con el hondo trueno,
Y tiembla la montaña majestuosa,
Con árboles y hielos y peñascos.

Rocks of the solitary regions of snow?
There, in the most dreadful solitude,
The wanderer boldly advances
Without finding, in his weary march,
Either bird, or insect, or plant.
He there sees rocks in heaps,
Full of bubbles, black and molten,
And heaps of sand and ashes;
And while the senses are enthralled
Among the huge and awful ruins
The soul is occupied with solemn thoughts,
And the step falters on the fearful paths.
On the awful desert of Arabia
Reigns not such stillness: hardly
Broken by the wanderer's steps,
And some echo which, from time to time,
Sounds from afar like the angry sea.
Between dread and sublime admiration
He arrives unexpectedly at the edge
Of a fearful abyss—behold! it is the crater.
Here his weak limbs tremble;
His hair stands on end, and the bold
Wanderer, in spite of himself, retreats aghast,
Or in mortal dizziness remains prostrate.
But now, the first impression passed,
The wondering eyes hardly suffice
To contemplate a scene so grand.
What an immense gulf! What frightful
Depth is presented to view!
Lightly the smoke of sulphur rises
From the fathomless crater, whose bosom
Resounds at intervals with deep thunder,
And the majestic mountain shakes
Together with trees, and ice, and rocks.

Si hoy los sentidos de terror se pasman,
¿Qué habrá sido en un tiempo, cuando airado
Hirió el Señor el orgulloso monte,
Y en fuego inmenso lo dejó abrasado?
Entónces fué cuando el volcan hirviendo
Se conmovieron sus eternas basas,
Bramó su seno en formidable estruendo,
Volaron los peñascos por el aire,
Y arenas y betun y azufre y brasas,
Y temblando las costas de ambos mares,
De ambos mares las aguas se agitaron.
Desde la inmensa boca de aquel horno
Se lanzaron hirviendo los torrentes
De lavas derretidas y candentes,
Que todo lo arrasaron en contorno.
En tan tremenda y congojosa noche
Que la ruina del mundo presagiaba,
Temblaron los vasallos y los reyes
Sobre una tierra que tambien temblaba.

Al fin el tiempo y las copiosas lluvias
Casi llegaron á apagar su lumbre,
Y hoy desde su alta y prodigiosa cumbre
Ven los ojos pasados y perplejos,
Dentro de los lejanos horizontes,
Grandes llanuras, azulados montes,
Lagos, caminos, pueblos á lo léjos.
Detras de los celajes de Occidente,
Teñidos de oro y púrpura lumbrosa,
Cual gigante se ve precipitarse
Del sol inmenso el disco reluciente
Mas allá de los cerros, y gloriosa
Levantarse la luna en el Oriente.

If to-day the senses are paralyzed with fear,
What may it have been in a time when,
In anger, the Lord smote the proud mountain
And left it consumed in an immense fire?
Then it was when the perpetual foundations
Of the boiling volcano trembled;
Its bosom roared with a terrible noise;
The rocks, and sands, and pitch, and sulphur,
And embers were hurled through the air;
And the coasts of both oceans trembled,
And the waters thereof were agitated.
From the huge mouth of that furnace
The molten and burning lava
Was hurled in boiling torrents
Obliterating all in its course.
In that night of terror and anguish,
Which presaged the destruction of the world,
Kings and vassals trembled
Upon the likewise trembling earth.

At last time and abundant rains
Almost quenched its fire;
And now from its high and prodigious summit
The strained and bewildered eyes
Behold, within the limits of the far off horizon,
Great plains, blue tinted mountains,
Lakes, roads, villages in the distance.
Behind the fleecy western clouds,
Tinted with gold and brilliant scarlet,
Like a giant, the shining disc of the
Immense sun is seen to sink
Beyond the hills, and the moon
Gloriously rises in the east.

Salve, inmenso coloso, coronado
De grandes nubes y de enormes hielos.
Por delante de tí ¡cómo han pasado
Siglos y siglos más, en cuyo polvo
Iban envueltos pueblos y monarcas
Sin poderse parar en su carrera
Un solo instante, alguna vez siquiera!
En tanto, inmóvil en tu enorme basa,
Los dejabas pasar firme y sereno;
Hoy pasamos nosotros, y adelante
Pasarán otros pueblos, que en el seno
Se hundirán del sepulcro devorante,
Y tú te quedarás quieto y seguro
Como ese sol magnífico y brillante.
Si no es que el brazo del Señor tremendo
Lance un cometa aterrador y triste,
Que á tí volando desde el hondo espacio,
Choque en tu masa con horrible estruendo
Y te arranque de un golpe de tu tierra,
Y te arroje en el mar, donde ignorado,
Quedarás para siempre sepultado.

Hail to thee, immense colossus, crowned
With enormous clouds, and huge blocks of ice.
Before thee, how centuries and centuries
Have passed, in whose dust
Peoples and monarchs were swept away,
Unable to stand a single moment
In its course—not even once!
Meanwhile, immovable in thy great depth,
They remained secure and tranquil.
To-day we pass, and after us
Will pass other peoples that will sink
Into the bosom of the yawning sepulcher;
And thou wilt remain quiet and firm,
Like this magnificent and brilliant sun,
Unless the powerful arm of the Lord
Hurls a destroying and fatal comet
Which, flying at thee from the vast distance,
Will dash against thy mass with a fearful roar
And tear thee suddenly from the earth,
And cast thee into the sea where, ignored,
Thou wilt remain forever buried.

AL RIO DE COSAMALOÁPAM.

HOY OCUPA PARTE DE LA POBLACION Y CASA DONDE NACIÓ EL SR. D. MANUEL CARPIO.

SONETO.

Arrebatado y caudaloso rio
Que riegas de mi pueblo las praderas,
¿Quién pudiera llorar en tus riberas
De la redonda luna al rayo frío?

De noche en mi agitado desvarío
Me parece estar viendo tus palmeras,
Tus naranjos en flor y enredaderas,
Y tus lirios cubiertos de rocío.

¿Quién le diera tan sólo una mirada
A la dulce y modesta casa mia,
Donde nací, como ave en la enramada?

Pero tus olas ruedan en el dia
Sobre las ruinas ¡ay! de esa morada,
Donde feliz en mi niñez vivia.

TO THE RIVER OF COSAMALOAPAM.

IT NOW OCCUPIES A PART OF THE VILLAGE AND THE HOUSE
WHERE MANUEL CARPIO WAS BORN.

SONNET.

Mighty and enchanting river
Which irrigates the meadows of my village,
Who could weep upon thy shores
In the cold rays of the round moon?

At night in my agitated delirium
I seem to view thy groves of palms,
Thy flowering clustered orange trees,
And thy dew covered lilies.

Who would ever deign to glance
Upon that lovely, modest home of mine,
Where I was born, like the bird of the bower?

But thy waters flow at present
Over the ruins, alas! of that home
Where I passed my happy childhood.

POEMS
OF
FERNANDO CALDERON

EL SOLDADO DE LA LIBERTAD

 Sobre un caballo brioso
Camina un jóven guerrero
Cubierto de duro acero,
Lleno de bélico ardor :
 Lleva la espada en el cinto,
Lleva en la cuja la lanza,
Brilla en su faz la esperanza,
En sus ojos el valor.

 De su diestra el guante quita,
Y el robusto cuello halaga,
Y la crin, que al viento vaga,
De su compañero fiel.
 Al sentirse acariciado
Por la mano del valiente,
Ufano alzando la frente
Relincha el noble corcel.

 Su negro pecho y sus brazos
De blanca espuma se llenan :
Sus herraduras resuenan
Sobre el duro pedernal ;
 Y al compas de sus pisadas,
Y al ronco son del acero,
Alza la voz el guerrero
Con un acento inmortal :

THE SOLDIER OF LIBERTY.

   On a spirited steed
A young warrior rides,
Covered with solid steel
And filled with bellicose ardor.
   He carries his sword in the belt,
And at his side the spear:
On his face shines the light of hope
And in his eyes the flash of valor.

   From his right hand he draws the
And caresses the stout neck,   [glove
And the mane that waves in the wind,
Of his faithful companion.
   The noble charger proudly lifts
His head with a neigh
On feeling the caressing hand
Of the fearless rider.

   His black breast and limbs
With white foam are covered;
His hoofs clatter
Upon the hard flint;
   And at the measure of his steps
And the sharp sound of the steel,
The warrior raises his voice
With these immortal words:

"Vuela, vuela, corcel mio
　　　Denodado;
No abatan tu noble brio
Enemigos escuadrones,
Que el fuego de los cañones
Siempre altivo has despreciado:
　　　Y mil veces
　　　Has oido
　　　Su estallido
　　　Aterrador,
　　　Como un canto
　　　De victoria,
　　　De tu gloria
　　　Precursor.
Entre hierros, con oprobio
Gocen otros de la paz;
Yo no, que busco en la guerra
La muerte ó la libertad.

Yo dejé el paterno asilo
　　　Delicioso:
Dejé mi existir tranquilo
Para ceñirme la espada,
Y del seno de mi amada
Supe arrancarme animoso:
　　　Ví al dejarla
　　　Su tormento,
　　　¡Que momento
　　　De dolor!
　　　Ví su llanto
　　　Y pena impía;
　　　Fué á la mia
　　　Superior.
Entre hierros, con oprobio
Gocen otros de la paz;
Yo no, que busco en la guerra
La muerte ó la libertad.

"Fly, fly, my intrepid
    Charger;
The hostile squadrons will
Not beat thy noble spirit
That has always proudly despised
The cannon's blast,
    And a thousand times
    Thou hast heard
    Its terrifying
    Report,
    Like a song
    Of victory;
    A precursor
    Of thy glory.
In irons, with opprobrium,
Others enjoy peace;
Not I who seek in war
Liberty or death.

"I left my delightful
    Paternal abode;
I left my tranquil existence
To gird on the sword,
And with courage tore myself
From the bosom of my beloved.
    On our parting
    I saw her anguish—
    What a moment
    Of sorrow!
    I saw her tears
    And merciless grief—
    It was greater
    Than mine.
In irons, with opprobrium,
Others enjoy peace;
Not I who seek in war
Liberty or death.

El artero cortesano,
    La grandeza
Busque adulando al tirano,
Y doblando la rodilla;
Mi troton y humilde silla
No daré por su riqueza:
    Y bien pueden
    Sus salones
    Con canciones
    Resonar;
    Corcel mio,
    Yo prefiero
    Tu altanero
    Relinchar.

Entre hierros, con oprobio
Gocen otros de la paz;
Yo no, que busco en la guerra
La muerte ó la libertad.

Vuela, bruto generoso,
    Que ha llegado
El momento venturoso
De mostrar tu noble brio,
Y hollar del tirano impío
El pendon abominado:
    En su alcázar
    Relumbrante
    Arrogante
    Pisarás,
    Y en su pecho
    Con bravura
    Tu herradura
    Estamparás.

Entre hierros, con oprobio
Gocen otros de la paz;
Yo no, que busco en la guerra
La muerte ó la libertad."

"The cunning courtier
  May seek
For greatness in flattering the tyrant
And bending his knee.
My horse and humble saddle
I would not give for all his wealth.
   And well may
   His halls
   Resound
   With songs;
   But the proud
   Neighing
   Of my charger
   I prefer.
In irons, with opprobrium,
Others enjoy peace;
Not I who seek in war
Liberty or death.

  Fly, my noble steed
   That hast found
The happy moment
To show thy noble spirit,
And to trample the detestable
Pennon of the wicked tyrant.
   Thou wilt trample
   Down with haughtiness
   His brilliant
   Castle:
   With *bravura*
   Thy hoof
   On his breast
   Thou wilt plant.
In irons, with opprobrium,
Others enjoy peace;
Not I who seek in war
Liberty or death."

Así el guerrero cantaba,
Cuando resuena en su oido
Un lejano sordo ruido,
Como de guerra el fragor:
 "A la lid," el fuerte grita,
En los estribos se afianza,
Y empuña la dura lanza,
Lleno de insólito ardor:

En sus ojos, en su frente,
La luz brilla de la gloria,
Un presagio de victoria,
Un rayo de libertad:
 Del monte en las quiebras hon-
Resuena su voz terrible,   [das
Como el huracan horrible
Que anuncia la tempestad.

Rápido vuela el caballo,
Ya del combate impaciente,
Mucho más que el rayo ardiente
Es su carrera veloz:
 Entre una nube de polvo
Desparece el guerrero:
Se ve aún brillar su acero,
Se oye á lo léjos su voz:

"¡Gloria, gloria! Yo no quiero
Una vergonzosa paz;
Busco en medio de la guerra
La muerte ó la libertad!"

1838.

Thus the warrior sang
When in his ear resounds
A distant deafening noise
Like the din of war.
  "To the conflict," cries the hero,
Bracing himself in his stirrups,
And, filled with unusual ardor,
His solid lance he grasps.

  In his eyes and on his brow
The light of glory shines,
A presage of victory,
A flash of liberty.
  From the mountain, in the deep
Resounds his terrible voice   [chasms,
Like the dreadful hurricane
That announces the tempest.

  Rapidly the courser flies,
Already impatient for the battle,
His swift course outspeeding
The burning flash.
  In a cloud of dust
The warrior disappears:
Still one sees his glittering armor
And from afar is heard his voice:

  "Glory, glory! I do not seek
A humiliating peace;
In the midst of war I seek
Liberty or death!"

  1838.

EL SUEÑO DEL TIRANO.

De firmar proscripciones
Y decretar suplicios, el tirano
Cansado se retira,
Y en espléndido lecho hallar pretende
El reposo y la paz ¡ desventurado !
El sueño, el blando sueño,
Le niega su balsámica dulzura :
Tenaz remordimiento y amargura
Sin cesar le rodean :
En todas partes estampada mira
De sus atroces crímenes la historia :
Su implacable memoria
Fiel en atormentarle, le recuerda
Las esposas, los hijos inocentes
Que por su saña abandonados gimen
En viudez y orfandad : gritos horrendos
Cual espada de fuego le penetran ;
Con pasos agitados
Recorre su magnífico aposento,
Sin hallar el consuelo : en su alma impura
La amistad, el amor, son nombres vanos
Que jamas comprendió : los ojos torna ;
Su cetro infausto y su corona mira ;
Un grito lanza de mortal congoja ;
Con trabajo respira,
Y á su lecho frenético se arroja.

THE TYRANT'S DREAM.

    Weary with signing proscriptions
And decreeing capital punishment
The tyrant retires,
And on his magnificent couch the wretch tries to
Repose and peace.   [find
Sleep, gentle sleep,
Denies him its balmy sweetness:
Tenacious remorse and bitterness
Surround him incessantly;
On every side he sees stamped
The atrocious crimes of his life:
His implacable memory,
Persistent in tormenting him, reminds him
Of the wives and innocent sons
Who, through his anger, moan, abandoned
In widowhood and orphanage: horrible outcries
Pierce him like swords of fire;
With agitated steps
He paces his magnificent apartment
Without finding consolation; in his wicked heart
Friendship and love are empty names
By him never understood. He turns his eyes;
He sees his unfortunate scepter and crown;
He utters a cry of mortal anguish;
He labors for breath,
And in frenzy throws himself upon his couch.

Ya por fin, un sopor espantoso,
Sus sentidos embarga un momento;
Pero el sueño redobla el tormento
Con visiones de sangre y horror:
A un desierto se mira llevado,
Donde el rayo del sol nunca brilla;
Una luz sepulcral, amarilla,
Allí esparce su triste fulgor.

Tapizado de huesos el suelo,
Va sobre ellos poniendo la planta,
Y al fijarla los huesos quebranta,
Con un sordo siniestro crugir:
A su diestra y siniestra divisa,
Esqueletos sin fin hacinados,
Y los cráneos, del viento agitados,
Le parece que escucha gemir.

Lago inmenso de sangre descubre
A sus plantas furioso bramando,
Y cabezas hirsutas nadando,
Que se asoman y vuelven á hundir:
Y se avanzan, se juntan, se apiñan,
Y sus cóncavos ojos abriendo,
Brilla en ellos relámpago horrendo,
De infernal espantoso lucir.

Del tirano en el rostro se fijan
Sus atroces funestas miradas,
En sus frentes de sangre bañadas,
Del infierno refleja el horror:
Y sus dientes rechinan entónces,
Y sus cárdenos labios abriendo,
Este grito lanzaron tremendo:
"¡Maldicion! ¡maldicion! ¡maldicion

But now, at last, a dreadful stupor
Seizes, for a moment, his senses;
But the dream redoubles the torture
With visions of blood and horror.
 He sees himself carried to the desert
Where the rays of the sun never shine:
A sepulchral, yellow light,
Scatters there its dismal shades.

 He walks over the ground
Carpeted with bones,
And with a muffled, sinister sound
He hears them crack at every step.
 At his right and left he discerns
Skeletons, in hoards, without end;
And he seems to hear the skulls
Moaning, agitated by the wind.

 He discovered an immense lake of blood
Furiously roaring at his feet,
And hirsute heads that swim
And dive and reappear.
 They advance and join and crowd,
And opening their hollow eyes
There shines in them a frightful flash
Of infernal, horrible light.

 Their atrocious and dismal gaze
They fix upon the tyrant's face;
Their blood bathed brows
Reflect the horrors of hell.
 Then, gnashing their teeth,
They open their livid lips
And utter this tremendous cry:
"*Curse!* CURSE!! CURSE!!!"

Las cavernas de un monte vecino,
El acento faltal secundaron :
Largo tiempo los ecos sonaron
Repitiendo la horrísona voz :
  Y el crugir de las olas y el viento,
Y el estruendo del rayo espantoso,
Parecia al tirano medroso
Que clamaban tambien : ¡ Maldicion !

Cambia luego la escena : entre tinieblas
De fuego circundado,
Gigantesco fantasma se presenta :
Con dedo descarnado
Muestra al tirano una espantosa sima :
En su profundo seno
Reventar oye retumbando el trueno,
Y mira un fuego hervir como la boca
De encendido volcan, y por las llamas
Los demonios sacando la cabeza,
Prorumpen en horrendas carcajadas,
Y al réprobo saludan.
Tiemblan sus miembros : hórridas serpientes
Ciñen su corazon, y ni un suspiro
Puede exhalar, ni respirar siquiera...
  ¡ Sacude el sueño : vagarosos ojos
En torno suyo pavoroso gira,
Y sangre, sangre, donde quiera mira !

    Del lecho se lanza
    Con grito doliente :
    Se inunda su frente
    De frio sudor :

The caverns of the neighboring mountain
Seconded the fatal words;
The echoes sounded long after,
Repeating that horrible voice;
 And the roar of the waves and the wind,
And the noise of the dreadful lightning,
Seemed to the coward tyrant
Likewise to exclaim: "Curse!"

Then the scene changed: from the darkness,
Surrounded by fire,
A gigantic phantom appears;
With a bony finger
It points to the tyrant a dreadful abyss;
In its deep bosom
He hears the pealing thunder roaring,
And he sees a fire which boils like the mouth
Of a burning volcano, and through the flames
The demons lift their heads;
They burst out in a frightful laugh
And greet the reprobate;
His limbs tremble; horrible serpents
Girdle his heart, and not even a sigh
Can he exhale, nor can he even breathe.
 He rouses from the dream: restless, awful eyes
Revolve about him,
And blood, blood, wherever he looks!

 He springs from his couch
 With a cry of anguish;
 His brow is bathed
 With a cold perspiration;

Parece que escucha
La voz del destino,
Y el trueno divino
De justo furor :

Sus ojos cansados
Anhelan el llanto ;
Mas nunca su encanto
Probó la maldad :
Al cielo levanta
La diestra homicida,
Con voz dolorida
Clamando ¡ piedad !

Mas no, que ya dada
Está su sentencia ;
En vano clemencia
Demanda su voz ;
¡ Ya tiene con fuego
Marcada la frente
Del vil delincuente
La mano de Dios.

1837.

He seems to hear
The voice of Fate
And the thunder divine
Of righteous wrath.

His weary eyes
Crave for tears;
Yet iniquity their charm
Never tasted.
To heaven he raises
His murderous right hand,
Exclaiming "Mercy!"
In a dreadful voice.

But no! for sentence already
Is passed upon him;
In vain his voice
For clemency prays.
Already the brow
Of the wretched delinquent
Is branded with fire
By the hand of God.

1837.

¡UNA MEMORIA!

    Salí apénas de la infancia,
Sencillo, puro, inocente,
Con el candor en la frente,
La paz en el corazon:
    Cuando te ví, Amira hermosa,
Y en apasionado acento
Me atreví á mandar al viento
Mi primer canto de amor.

    De amor puro, eterno, ardiente
De aquel amor que darrama
En el corazon su llama,
Cual volcan abrasador:
    Este amor era el delirio
Que mi existencia llenaba,
Este el númen que inspiraba
Mi primer canto de amor.

    Para mí la vida entónces
¡Cuánta dulzura tenia!
¡Cuán grata me parecia
De la tierra la mansion!
    ¡Miraban todo mis ojos
Con tan bellos coloridos!
Todo, todo á mis sentidos
Estaba diciendo amor.

A MEMORY.

I had hardly left my childhood,
Simple, pure, and innocent,
With candor on my brow
And peace within my heart,
When I saw thee, beautiful Amira
And in fond words
I boldly confided to the breeze
My first song of love;

Of pure, eternal, ardent love;
Of that love which pours
Its flame into the heart
Like a burning volcano.
This love was the delirium
That filled my existence;
This the divinity that inspired
My first song of love.

For my life then
What sweetness it contained!
How pleasant seemed to me
My sojourn upon this earth!
To mine eyes all glittered
In such wonderous coloring!
And to my senses, all, all,
Would repeat, "love!"

Cuando tras el cortinaje
Magnífico de oro y grana,
En la cándida mañana
Brillaba el fúlgido sol,
　Yo alegre yo saludaba,
Que á alumbrar tu faz venia,
Yo á tí, Amira, dirigia
Mi primer canto de amor.

　¿ No te acuerdas cuántas veces
De las aves el arrullo,
Del arroyuelo el murmullo
Escuchábamos los dos?
　El aura blanda mecía
Tu cabellera rizada,
Aquella aura embalsamada
Por tus palabras de amor.

　¡ Cada gota de rocío,
Cada flor y cada fuente,
Hablaban cuán dulcemente,
A mi tierno corazon !
　Amor las aves cantaban,
Amor las fuentes decian,
Y los ecos repetian
Por todas partes, ¡ amor !

　¡ Prisma brillante, pronto te rompiste !
¡ Ilusiones de amor, habeis pasado,
Y al pobre corazon sólo ha quedado,
Una memoria dolorosa y triste !

When behind the magnificent
Curtain of gold and crimson,
In the clear morning
Gleamed the resplendent sun,
   Coming to shine upon thee
With a greeting joy,
I to thee, Amira, addressed
My first song of love.

   Canst thou not remember how often
We both would listen
To the notes of the birds,
And the murmuring of the brooks?
   The gentle breeze would stir
Thy mantle of curls;
That gentle breeze, perfumed
With thy words of love.

   Each drop of dew,
Each flower and each fountain,
Spoke so sweetly
To my young heart!
   The birds sang of love;
The springs said "love,"
And the echoes repeated
On every side, "love!"

Brilliant prism, soon thou wast shattered!
Illusions of love, ye have passed,
And to the poor heart only has remained
A memory, mournful and sad.

¡Todavia tienen para mí las flores,
Y del bosque el magnífico ramaje,
Las aves y las fuentes, un lenguaje,
Lenguaje de recuerdos y dolores!

Saludo todavía al sol brillante
Cuando aparece en el rosado oriente;
Mas le saludo con la voz doliente,
Y en lágrimas bañado mi semblante.

¿Qué fué tu amor?...! un sueño fugitivo
¡Tus sollozos, tus lágrimas mentira!
Y yo te amaba, y...¿lo creerás, Amira?
Falsa, aun te amo, y de recuerdos vivo!

Y aspiro algunas veces á la gloria,
Porque aunque á ver no vuelva tu semblante
Digas mi nombre y mandes á tu amante
¡Un suspiro no mas, una memoria!

For me the flowers
And the magnificent foliage of the forest,
The birds and the fountains, have yet a language–
A language of memories and sorrows!

I yet greet the brilliant sun
When it appears in the crimsoned orient,
But I greet it with a sorrowing voice
And my face bathed in tears.

What was thy love? A fleeting dream!
Thy sobs, thy tears, a falsehood!
I loved thee, and—wilt thou believe it, Amira,
False one?—I love thee yet, and from memories
[I live!
And I aspire sometimes to the glory
That, although I may not again see thine image,
Thou wilt speak my name and send it to thy lover,
If but a sigh—a memory!

EL PORVENIR.

Tú me amas, y yo te adoro;
Pero ha de llegar el dia
En que tú ó yo para siempre
Debemos dejar la vida:
Los espíritus cobardes,
Las almas bajas y tibias,
Desechan esta memoria,
Y al pensarlo se horrorizan:
Creen que acaba en el sepulcro
El amor y sus delicias.
¡Insensatos! ¡no conocen
Su esencia pura y divina!
El alma jamas perece,
Pues del cuerpo desprendida
Pasa á una region suprema
De venturas y de dichas:
Y este dulce sentimiento
Del amor, esta semilla
Que en nuestras almas sembrara
Del Gran Sér la mano misma,
La debe seguir, no hay duda:
El alma en amor respira,
Es su esencia, es su alimento,
Y sin él no existiría.
No temas, Amira hermosa,
De horrible muerte las iras;

THE HEREAFTER.

Thou lovest me and I adore thee,
But the day must come
When thou or I forever
This world must leave.
The cowardly minds ;
The inferior and indifferent hearts,
Reject this thought,
And at its suggestion are filled with dread
They believe that in the tomb
Love and its delights are ended.
Fools! they know not
Its pure and divine essence.
The soul never dies,
For, on its parting from the flesh,
It passes to a lofty region
Of felicity and delights ;
And that this sweet sentiment
Of love ; this seed
Which the Almighty, with his own hands,
Would sow in our hearts,
Must follow him, there is no doubt.
Love is the breath of the soul ;
Its essence and its life,
And without it life could not exist.
Fear not, beautiful Amira,
The dreadful ire of death :

Las almas que el cielo junta
¿Quién pudiera desunirlas?
No, nuestro amor será eterno:
A otra más brillante vida
Renacerán á adorarse
Tus cenizas y las mias.

1825.

The souls, by heaven united,
Who would separate them?
No, our love will be eternal;
To another grander life
Thy ashes and my own
Will rise again each other to adore.

1825.

Á HIDALGO.

En sepulcral silencio se encontraba
El pueblo mejicano sumergido :
¡ Fatal silencio ! sólo interrumpido
Por la dura cadena que arrastraba :

Como crímen atroz se castigaba
Del triste esclavo el mísero gemido,
O de los opresores al oído,
Cual música de triunfo resonaba.

Grita Hidalgo, por fin, con voz divina
"Méjico libre para siempre sea !"
Y al tirano español guerra fulmina :

Once años dura la mortal pelea,
El trono se desploma, y en su ruina,
De libertad el estandarte ondea !

1837.

TO HIDALGO.

 Plunged into the silence of the grave,
Were found the Mexican people :
Fatal silence ! interrupted only
By the chains they dragged.

 The last groan of the unhappy slave
Was punished as if it had been an atrocious
Or it resounded in the ears of the [crime,
Oppressors as if it were triumphal music.

 Hidalgo cried at last with voice divine :
" Freedom to Mexico, and forever ! "
And hurled war at the Spanish tyrant.

 Eleven years the mortal conflict lasted ;
The throne crumbled, and in its ruins
Floats the standard of liberty.

 1837.

MEXICO AND SPAIN

JUAN DE DIOS PEZA.

MÉJICO Y ESPAÑA.

Allá, detras del mar, la playa amena
De la tierra del Cid y los Guzmanes;
La cruz plantada en la morisca almena
Y rotos á su pié los yataganes.

Allá, campos cruzados por gomeles,
Murallas que los godos defendian,
Palacios con ojivas y caireles
Donde las ninfas del harem dormian.

Allá, las cinceladas armaduras
Los cascos relucientes con cimeras;
Los castillos poblados de aventuras:
Las torres coronadas de banderas.

Allá, los altos picos del Moncayo;
El Guadalete con la sangre tinto;
Los manes de Rodrigo y de Pelayo;
Las tumbas de Fernando y Cárlos Quinto

Allá, todo eso que explendor se llama
La tradicion, la fábula, la historia,
Los hechos coronados por la fama
Y los héroes unidos por la gloria.

Aquí, la noche llena de luceros;
El campo lleno de silvestres flores;
El volcan con sus hondos ventisqueros
Y el lago con sus juncos tembladores.

MEXICO AND SPAIN.

Yonder, beyond the sea, is the lovely shore
Of the land of the Cid and the Guzmanes;
The cross, planted in the Moorish turret,
And the yataghans, broken at its foot.

Yonder, the fields, by gomeles crossed;
Walls, defended by the Goths;   [tains
Palaces and gothic windows, and fringed cur-
Where reposed the nymphs of the harem.

Yonder, the chiseled armors;
The helmets, glittering with crests;
Forts, in emergencies occupied;
The turrets crowned with banners.

Yonder, the lofty peaks of Moncayo;
The Guadalete, dyed with blood;
The spirits of Rodrigo and Pelayo;
The tombs of Fernando and Charles the Fifth.

Yonder, all that is called glory.
Tradition, legend, history;
Deeds crowned by fame,
And heroes, united by glory.

Here, the night, replete with stars;
The fields, covered with wild flowers;
The volcano, with its deep snow drifts,
And the lake with its trembling rushes.

Aquí, la vírjen tierra americana
Bajo su azul y tierno cortinaje;
El rey desnudo, la vestal indiana,
El bosque inculto, la adunar salvaje.

Aquí, errabundo el ignorado atleta
De audacia ejemplo y de valor tesoro,
En las entrañas del peñon la veta
Y el barro confundido con el oro.

Aquí, el templo de tosca grandería,
El ídolo hecho un Dios omnipotente
Y del pueblo la sorda gritería
Al verlo bautizar con sangre hirviente.

Aquí, el carcax, el arco y la rodela
De tosca piel con plumas adornada;
La aguda flecha que en los aires vuela
Y la macana en pedernal labrada.

Aquí, sólo un baluarte: la montaña;
Allá: torres y naves y cañones;
Tal fué Tenoxtitlan; tal era España.
¿Cuál vencerá en la lid de ambas naciones?

Admiro Iberia altiva tu nobleza,
Tu carácter indómito y bravío,
Pero á la par admiro la grandeza
Y el heróico valor del pueblo mío.

¿Qué hallaste en estos reinos ignorados?
Un pueblo que del oro no se engrie;
Una tumba que asombra tus soldados,
Y un Guatimoc que en el tormento rie.

Here, the virgin American soil
Beneath its blue and delicate sky ;
The nude king ; the indian maiden ;
The incult woods, and the savage horde.

Here, the roaming unknown athlete,
An example of intrepidity and of bravery ;
In the entrails of the rock, the vein
And the clay, mixed with the gold.

Here, the temple of rough grandeur ;
The idol, converted into an omnipotent God,
And the deafening shouts of the populace
When they see it baptized with boiling blood.

Here, the quiver, the bow and the shield
Of rough skin, ornamented with feathers ;
The sharp arrow that flies in the air ;
And the macana, worked in flint.

Here, only one bulwark—the mountain ;
Yonder, towers, and ships and cannons.
Such was Tenoxtitlan ; Such was Spain ; [tions ?
Which shall conquer in the conflict of both na-

I admire thy nobility, proud Iberia,
Thy indomitable and fearless character ;
But equally do I admire the greatness
And the heroic valor of my people.

What didst thou find in these unknown king-
A people who boast not of their riches ;   [doms ?
A tomb that surprises thy soldiers,
And a Guatimoc, who smiles while tortured.

Culparte que en nuestro siglo fuera men-
Venciste y nadie intentará culparte; [gua;
Entre tus dones heredé tu lengua
Y nunca la usaré para insultarte.

Si á la justicia destronó el capricho;
Si está con sangre escrita cada hazaña,
¡Ah! yo diré lo qué Quintano ha dicho:
"Crímenes son del tiempo, no de España!"

¡Nuestra sangre es igual! que nadie opon-
A nuestra union calumnia ni rencores; [ga
La plegaria inmortal de Covadonga
Siglos mas tarde resonó en Dolores!

La misma es nuestra raza altiva y fiera,
Igual nuestro carácter franco y rudo;
Aquí, el águila libre por bandera;
Allá, el leon por símbolo y escudo.

No de venganza con mentido alarde
Nuestras glorias hundamos en la niebla;
Hijos de Zaragoza y de Velarde,
¡Juntos cantemos á Bailén y á Puebla!

Juntos el mejicano y el ibero
Tener debieran, en mejores dias:
¡Para cantar su patriotismo á Homero!
¡Para llorar sus duelos á Isaías!

Hoy la gloria con bellos arreboles
Ilumina enlazadas nuestras manos:
¡Honor eterno á Méjico: españoles!
¡Honor eterno á España: mejicanos!

JUAN DE DIOS PEZA.

To find thee guilty in our time would be a dis-[credit;
Thou didst conquer, and none will try to condemn
Among thy gifts I inherited thy tongue, [thee.
And never will I use it to offend thee.

If caprice has dethroned justice,
If each heroic feat is written with blood;
Ah! I will say what Quintana said:
"They are crimes of the times and not of Spain."

Our blood is equal! let no one oppose
Calumny or rancors to our union.
The immortal prayer of Covadonga
Resounded centuries later in Dolores.

Our proud and brave race is the same,
Equal our frank and plain character.
Here, the free eagle for a banner;
Yonder, the lion for a symbol and shield:

Let us not sink our glories in darkness
With the false ostentation of revenge;
Sons of Zaragoza and Velarde,
Together let us sing to Bailen and Puebla!

Together the Mexican and Iberian
Should have, in better days,
A Homer to sing their patriotism,
An Isaiah to weep their sorrows.

Glory, to-day, with golden hues,
Illuminates our clasped hands:
Spaniards: eternal honor to Mexico!
Mexicans: honor eternal to Spain!

JUAN DE DIOS PEZA.

SOUTH AMERICAN POEMS

CANTO Á LA CORDILLERA DE LOS ANDES

En qué tiempo, en cuál dia, ó en que hora
No es grandioso, soberbio é imponente,
Altísima montaña,
Tu aspecto majestuoso !
Grande, si el primer rayo de la aurora
Se refleja en las nieves de tu frente :
Grande, si desde en medio del espacio
El sol l s iiumina ;
Y magnífico, en fin, si en el ocaso
Tras de la onda salada y cristalina
Su disco refulgente se ha escondido,
Dejando en tu alta cumbre
Algun rayo de luz que nos alumbre ;
Aunque no veamos ya de dó ha partido.
¿Qué mortal atrevido es el que ha osado
A tus escelsas cimas elevarse ?
¿Quién es él que ha estampado
En las eternas nieves que las cubren
El rastro de su planta ?
El condor que en su vuelo
Mas allá de las nubes se levanta,
Y que á escalar el cielo
Parece destinado,
Jamas fijó la garra ensangrentada
En sus crestas altísimas en donde
A la tierra Argentina el sol se esconde.
Qué sublime y grandiosa es la presencia
En las ardientes noches del verano ;

SONG TO THE CORDILLERAS OF THE ANDES

Lofty mountains! at what time, on what
Or at what hour do I not find   [day,
Thy majestic aspect
Grand, sublime and imposing?
Glorious, when the first ray of dawn
Is reflected in the snows of thy brow;
Grand, when from the midst of space
They are illuminated by the sun;
And magnificent, when at last, in the west,
His brilliant disk has disappeared
Beyond the briny and crystal waters,
Leaving upon the towering peak
Some ray of light to illuminate us,
Although we see no more whence it parted.
Who is the bold mortal who has dared
To climb thy lofty peaks?
Who is he that on the summit's
Eternal snows, which cover it,
Has stamped the print of his foot?
The condor who, in his flight,
Rises beyond the clouds,
And who seems destined
To scale the skies,
Has never rested his gory talons
On its highest crests, where hides
The sun from the land of Argentine.
How sublime and grand is that presence
In the ardent nights of summer,

Cuando la luz incierta de la luna
Alumbra una por una
Las hondas quiebras de tu frente altiva !
Al contemplar mi mente
La siempre caprichosa alternativa
De eminencias sin límite patente,
Y de profundidades sin medida,
Absorta y conmovida
Cree estar viendo los pliegues del ropaje
De un fantasma nocturno cuyo planta
En la tierra está fija,
Y su cabeza al cielo se levanta.
¿Qué serian los Alpes, el Caucaso,
El Pirineo, el Atlas y Apeninos,
Si se hallaran vecinos
Al agreste empinado Chimborazo?
Solo tú, Dolhaguer, de las alturas
Que el mortal ha podido
Sujetar á mensuras
Mas alto te levantas ;
Pero ¿quién ha medido
El gran Loncominí, ni el Illacmani?
Y quién del Tupungato inaccesible
La enorme elevacion ha calculado?
Cordilleras inmensas donde el hielo
A los fuegos del sol es insensible
Forman el pedestal donde su asiento
Tiene esta mole, cuya helada cima
Parece que sostiene el firmamento.
Huye sañudo ó iracundo el viento
Y las selvas y torres estremece,
Y su espantosa furia tanto crece
Que arranca los peñascos de su asiento.
Las nubes sobre nubes amontona ;

When the moon's uncertain light
Illumines, one by one,
The steep crags of thy lofty brow!
When my mind contemplates
The always capricious alternative
Of eminences without manifest limit,
And of measureless depths,
While thus absorbed and agitated,
It seems to view the folds of the robe
Of a nocturnal phantom whose foot
Is resting on the earth
While his head rises to heaven.
What would become of the Alps, the Caucasus,
The Pyrenees, the Atlas, and the Apennines,
If they were to find themselves neighbors
With the wild and lofty Chimborazo?
Only thou, Dolhaguer, risest higher
Than the heights which
Mortal has been able
To subject to measurement;
But who has measured
The great Loncomini, or Illimani?
And who has calculated the enormous
Elevation of inaccessible Tupungato?
Immense Cordilleras, where the ice
Is insensible to the heat of the sun,
Form the pedestal where this colossus
Has its seat, whose icy peak
Seems to support the firmament.
Madly the wind in its fury sweeps,
Shaking forests and peaks,
Increasing in its frightful fury
And tearing rocks from their foundation:
Clouds upon clouds it heaps,

Y de la tempestad el ronco estruendo
De valle en valle su furor pregona.
Rasgan mil rayos de la nube el seno,
Y el horrendo estampido
Del pavoroso trueno,
De la oscura guarida hace que huya
El leon desvaporido.
Mas cuando en las montañas
De un órden inferior, y en las llanuras,
Todo anuncia el estrago y esterminio
De las selvas, peñascos y criaturas,
La tempestad no estiende su dominio
A la cumbre elevada inconmovible
Del siempre encanecido Tupungato,
Do fluye el éter puro y apacible.
En la edad primitiva de la tierra,
Cuando el fuego voraz que en lo mas hondo
De sus senos recónditos se encierra
Mas á la superficia se acercaba;
Y cuando en cada una
De tus cumbres altísimas se via,
Que en torbellinos de humo ardiente lava
El cráter inflamado despedia
De cien volcanes, cuyas erupciones
Nuevos montes y valles, nuevos lagos
Dejaron por señal de sus estragos:
Cuando las convulciones
Que agitaron la tierra de contino
A los mares abrieron el camino
Que despues Magallanes descubriera;
Entónces: ¿qué mortal hubiera visto
Impávido y sereno
Su cabeza amagada por el trueno,
Y el pié no hallar asiento

And the hoarse roaring of the tempest
From vale to vale proclaims its fury.
Multitudes of thunderbolts tear the bosom of
And the dreadful thunder's   [the cloud,
Horrifying crash
Makes the breathless lion
To flee from his dark abode.
But when, in the lesser mountains,
And on the plains,
Everything proclaims the ruin and destruction
Of the forests, rocks and living creatures,
The tempest's domain does not extend
To the lofty, undisturbed peak
Of the hoary Tupungato,
Where flows the tranquil, heavenly air.
In the primative age of the world,
When the voracious fire, confined
In the deepest recess of its hidden bosom,
Was nearing the surface;
And when upon each one
Of thy lofty peaks could be seen
The fiery craters from a hundred volcanoes,
Discharging burning lava
Amidst masses of smoke; and whose eruptions
Left new mountains, and valleys, and lakes,
As a mark of their havoc,
When the convulsions
Which agitated the earth incessantly,
Opened the passage of the oceans
For Magellan later to discover;
What mortal then would have seen,
Undaunted and calm,
His head threatened with the thunder,
His foot not finding rest below

Que seguro le fuera
Cuando la tierra estaba en movimiento?
Si fué en aquella era
En la que la salvaje Patagonia
Una raza habitaba de gigantes,
De mas gran corazon que lo es ahora
El hombre envilecido,
Oiria en el rugido
Que la esplosion violenta producia,
El orbe conmoviendo en sus cimientos,
La voz del Grande Espíritu ordenando
A los astros distintos movimientos,
Hacer la division de noche y dia
Y varias sazones arreglando,
En el fuego, veria, que arrojaban
Las cóncavas entrañas
De las crespas y altísimas montañas
Otras tantas antorchas con que quiso
Iluminar su trono,
El Ente eterno que los mundos hizo.
Si á la tierra bajara
La libertad querida, hija del cielo,
¿Dó su trono fijara
En el mísero suelo,
Sino donde el aliente emponzoñado
Del despotismo mancillar no pudo
El aire primitivo?
¿Y cuál lugar en fin no ha profanado
En su inquieto furor la tiranía?
La corva quilla de guerrera nave
Corta la onda agitada del Oceano,
Y el despotismo fiero que no cabe
En el recinto que ocupar solia,
Estiende su poder al pais lejano;

That were secure,
While the earth trembled?
If it was in that era
When savage Patagonia
Was peopled by a race of giants,
Larger hearted than is now
Degraded man,
He would hear in the roar
Which the violent explosion produced,
While shaking the orb in its foundations,
The voice of the Great Spirit ordering
The distinct movements of the stars,
Making the divisions of night and day,
And arranging the different seasons.
In the fire which
The hollow bowels
Of the lofty and irregular mountains threw up,
He would see many more torches with which
The Eternal Being who created the worlds
Wished to illuminate his throne.
If cherished liberty, the daughter of heaven,
Were to descend to earth,
Where, on this unhappy soil,
Would she fix her throne
Save where the poisoned breath
Of despotism could not pollute
The primative air?
And what spot, at last, has tyranny
Not profaned in her restless rage?
The war ship's arched keel
Cuts the ocean's agitated waves,
And terrible despotism, finding no room
In the precinct that once it occupied,
Extends its power to distant lands;

Nuevas victimas halla
En que ejercer sus bárbaros furores,
Y el hombre infeliz, del despotismo;
Cuando ni la ballena
En lo mas hondo del salado abismo
De su influjo fatal se mira esenta,
Y fuera de su alcance no se cuenta !
El pino, de los bosques ornamento,
En el recinto oculto y solitario
La erguida copa ostenta
Mecida blandamente por el viento;
Pero el brazo nefario
La cortante segur al tronco aplica,
Y en el fugaz período de un instante,
El mismo que hasta el cielo
Elevarse orgulloso parecia,
Sin vida cae tendido sobre el suelo.
De allí á la húmida playa
El esfuerzo del hombre hace que vaya:
En bajel se transforma y ¡ quién creyera
Que este árbol tan gallardo, tan lozano,
Que en la remota selva ha nacido
Exento no estuviera
Del poder formidable de un tirano !
Él ordenó que nave se volviera,
Y nave se volvió, do ahora truena
El cañon matador cuando él lo ordena.
Empero ¿ por ventura,
La mísera morada
Seria la mansion augusta y pura
En que la libertad moró algun dia ?
No : que á la tiranía
El hombre como el bruto
Le pagan de dolor triste tributo :

It finds new victims
On which to exercise its cruel rage—
And the unhappy victim of tyranny—
When not even the whale,
In the profoundest depths of the briny gulf,
Sees himself exempt from its fatal influence,
And beyond its reach he cannot go!
The pine, the adornment of the woods,
In the occult and lonely precinct
Displays its upright apex,
Gently rocked by the breeze;
But the nefarious arm
Firmly applies the hatchet to the stem,
And in the fleeting period of an instant
The same tree that appeared
To rise proudly to the skies,
Falls lifeless, stretched upon the ground.
From there, by the aid of man,
It is borne to the surf bathed shores
And transformed into a boat. Who would believe
That this tree, so graceful, so luxuriant;
Born in the distant forest,
Would not be exempt
From the tyrant's vast domain!
He ordered it transformed into a ship,
And a ship it became, where now thunders
The deadly cannon at his command.
But would, perchance,
This wretched abode
Be the august and pure home
Where Liberty one day dwelt?
No: for to tyranny
Man, as well as beast,
Pays the sad tribute of sorrow.

Los míseros humanos
Bajo el yugo do quier de los tiranos
Arrastraron su mísera existencia.
Do quiera que hombres hubo
Alzó la tiranía
Su estandarte sangriento en mano impía.
Tan solo en la eminencia
Do nieves sobre nieves amontona
La sabia providencia
Cual en los polos frios,
Do ni el viento, ni el sol las desmorona,
No pueden los tiranos,
Como en los hondos valles y los llanos
El suelo mancillar con piés impíos.
¡ Oh dulce patria mia ! quién creyera
Cuando al salir del sueño de la infancia
Admiradas te vieron las naciones
Alzarte como el águila altanera :
Y que en tu vuelo audaz, con arrogancia,
Humillabas los leones
De Castilla, que tanto respetaron,
Y ante los cuales á su vez temblaron ;
Quién creyera, repito, que algun dia
Doblases la cerviz al yugo duro,
A que te habia de uncir la tiranía
Bajo la planta de un tirano oscuro !
Pero todo en tu seno lo ha manchado
Ese funesto aborto del abismo ;
Por miles las cabezas ha cortado,
Con la sonrisa aleve del cinismo ;
Y en todo lo que abarca
Tu suelo desde La Plata á Catamarca,
Y del pié de los Andes á Corrientes,

Everywhere under the tyrant's yoke
The wretched people
Dragged out their mirerable existence.
Wherever man dwelt
There Tyranny raised
Her gory banner with impious hands.
But only on the summit
Where wise Providence
Heaps snow upon snow,
As at the frigid poles,
Where neither wind nor sun dissolves it,
Can the tyrants soil the ground
With impious feet
As in the deep valleys and plains.
Oh! my sweet fatherland! who would believe
That when emerging from the sleep of infancy
The nations beheld thee with admiration
Lifting thyself like the proud eagle;
And that in thy bold flight thou
Wouldst subdue with haughtiness
The lions of Castile, which they so much
Respected, and before which they trembled.
Who would believe it, I repeat, that some day
Thou wouldst bend thy brow to the heavy yoke
To which tyranny was to yoke thee
Beneath the foot of an obscure despot!
But that ominous monster of the abyss
Has soiled everything within thy bosom;
He has decapitated them by thousands
With the treacherous smile of cynicism;
And upon all that thy soil embraces,
From La Plata to Catamarca,
And from the foot of the Andes to Corrientes,

Con sangre señalaron su camino
Sus bárbaros tenientes.
Solo la nieve eterna de la cumbre
De ese cordon que ciñe al Occidente
Tus inmensas llanuras,
No sostuvo jamas la pesadumbre
De sus plantas impuras.
Mas tus picos nevados
No así se resistieron
En otro tiempo, altísima montaña,
Para no ser hollados
De aquellos que valientes combatieron
Por libertarse del poder de España.
Legiones de mi patria enarbolando
El bicolor do el sol su faz ostenta,
Ví yo escalar tu cima ;
Y el yugo de Fernando
Que tres centurias de existencia cuenta
Roto le ví caer en Chile y Lima.
Libertad en tus cumbres se proclama :
Y desde el cabo helado do la tierra
Con el sañudo mar siempre está en guerra,
A la desierta arena de Atacama,
De monte en monte se repite el grito ;
Y el eco dice " Libertad " en Quito.
¡ Mas oh dulce ilusion ! ¿ Porqué concluiste ?
Independencia y gloria consiguieron ;
Pero la libertad que á tantos dieron
No alcanzaron jamas, ¡ oh verdad triste !
Yo saludo las cumbres en que ostentas
Nieves que una edad cuentan con el mundo,
Montaña inaccesible.
Y al contemplar las faces que presentas,

His barbarous deputies
Marked their paths with blood.
Only the summit's eternal snow,
Of that chain which, towards the west circles
Thine immense plains,
Has never sustained the weight
Of their unclean steps.
But, glorious mountain,
At some former period
Thy snowy peaks not thus
Resisted the tread
Of those who valiantly fought
To free themselves from Spain's dominion.
There, where the sun to us turns his face,
I saw legions scaling thy summit
And hoisting my country's bi-colored flag :
I likewise saw the yoke of Ferdinand
That for three centuries has existed,
Fall asunder in Chili and Lima.
Liberty upon the summits is proclaimed,
And from the icy cape, where the earth
Is ever at war with the angry sea,
To the desert sands of Atacama,   [tain,
The cry is repeated from mountain to moun-
And the echo proclaims: "Liberty !" in Quito.
But oh ! sweet illusion why didst thou end?
Glory and independence they obtained ;
But oh ! sad truth ! the liberty   [reached.
They gave to so many, themselves never
I greet the peaks upon which thou, inaccessi-
Mountain, showest snows   [ble
As old as the world.   [sentest
And when contemplating the views thou pre-

Desde el valle profundo;
Que mísero gusano imperceptible,
Me diera el Ser eterno por morada:
Al beber de los rios y torrentes
Que se desprenden de tu helada cima,
Y que rugiendo van por la quebrada
En que Dios encerrara sus corrientes:
El soplo del Eterno que me anima
Bendice su hacedor, y agradecido
Se postra en su presencia enmudecido.
Yo veo en esa mole gigantesca
La obra de un ente eterno,
Y de la eternidad me da la norma.
Llegará tal vez tiempo en que parezca
Y la voz de gobierno
Con que los soles y los mundos forma.
Quizas en los arcanos de su mente
Está ya decretado,
Que en polvo se disuelva de repente;
Pero mi entendimiento
Débil y limitado
A comprender no alcanza
El supremo poder, que movimiento
Al universo ha dado,
Fijando el equilibrio y la pujanza
De los cuerpos que pueblan el vacío,
Do ejerce su poder y señorío.
Mas su saber y su grandeza admiro
Cuando al insecto imperceptible miro;
Y siento que su mano,
Que todo lo que sacara de la nada,
Ha podido arrojar sobre ancho llano
Una montaña enorme y elevada;

From the deep valley,—
Though to me the Eternal Being gave
The abode of the mean and diminutive worm,—
When I drink from the rivers and torrents
That spring from thy snowy peak,
And which flow thundering thro' the ravines
In which God would confine their currents,
Then the breath of the Eternal, that gives me [life,
Blesses its Maker, and in gratitude
Humbles itself in his presence in silence.
I see, in this gigantic mass,
The work of an eternal being,
Giving one the standard of eternity.
Perhaps the time may come when
The governing motive which forms
The suns and the worlds may perish;
Perhaps, in the arcana of His mind,
It is already decreed
That suddenly it shall dissolve into dust.
But my weak and
Limited understanding
Can not arrive at a comprehension
Of the superior power that has
Given impulse to the universe,
Disposing the equilibrium and force
Of the bodies that inhabit the space
Where it exercises its sovereign power.
But His wisdom and greatness I admire
When looking at the diminutive insect;
And I feel that His hand,
Capable of producing everything from naught,
Was able to cast upon the broad plain
A high and enormous mountain,

Y á polvo reducirla en un momento
Arrancando en cuajo su cimiento.
Cuando las tempestades
Las razas esterminen de los hombres,
Estinguiendo los nombres
De naciones, imperios y ciudades :
Cuando el fuego del cielo
Por la mano de Dios lanzada sea,
Y descendiendo al suelo
Echo pavesas por do quier se vea ;
Y que los altos montes y collados
Como la cera fluyen liquidados :
Cuando el fiero Aquilon embravecido
Sublevando las aguas del oceano
Las saque del abismo donde han yacido,
El escarpado cerro y ancho llano
Bajo sus ondas cubran encrespadas :
Cuando ninguna voz, viviente, unida
Al mugir de las olas agitadas,
Deje sentir de vida
Un eco solo que repita el monte :
Entónces esas puntas siempre heladas,
Respetará la furia de los mares ;
Y en el vasto horizonte
El punto enseñarán donde algun dia
La libertad tuviera sus altares.
Y así como los mástiles indican,
El lugar do la nave ha zozobrado ;
Y que mudos publican
El fracaso que allí los ha fijado :
O cual cruz solitario en el desierto
Anuncia al caminante,
Que en aquel punto ha muerto

And to reduce it to dust in an instant,
Eradicating its foundation.
When the tempests will
Exterminate the races of men,
Extinguishing the names
Of nations, empires and cities;
When the fire from heaven,
Hurled by the hand of God,
Descends to the earth,
Turning all to cinders wherever one sees;
And when the high mountains and hills
Flow dissolved like wax;
When the fierce northern hurricane, in its
Tosses the waters of the ocean,　　　　[fury,
Drawing them from the depth where they lay,
Covering the steep hill and broad plain
Under their boisterous waves;
When no living voice, mingled
With the roaring of the agitated waters,
Leaves a sign of life in a single echo
Which the mountains might repeat,
Then the fury of the oceans
Will respect those snow-capped peaks,
And in the vast horizon
They will mark the spot where some day
Liberty will have her altars,
And thus, as the masts which indicate
Where the ship has foundered,
And mutely reveal
The disaster that has fixed them there;
Or as the lonely cross in the desert
Announces to the wanderer
That in that spot has died,

Y sepultado está su semejante :
Así esas crestas que orgullosa elevas,
De naufragio del mundo y los mortales
Vendrán á ser las únicas señales,
Que puedan consultar las razas nuevas ;
Hasta que un gesto del eterno obrero
La grandeza les vuelva y ser primero.

Juan Godoy.

And is buried, his equal,
So those crests which thou proudly bearest
Will become the only mark
Of the wreck of the world and its mortals
Which the new races can consult,
Until a sign from the Eternal Maker   [ence.
Return to them their greatness and first exist-

JUAN GODOY.

A LA ESPERANZA.

Mágico nombre que el mortal adora,
Sueño feliz de encanto y de ilusion,
Tú cuya luz al porvenir colora,
Tú, cuyo aroma embriaga al corazon :

Supremo bien, que el cielo bondadoso
Otorgar quiso al infeliz mortal,
Cual en desierto estéril arenoso,
Hizo nacer un puro manantial :

Eres de Dios la paternal sonrisa,
Eres el don de su divino amor,
Mas suave que el murmullo de la brisa,
Mas dulce que el aroma de la flor.

Eres un ángel que acompaña al hombre
Desde la cuna al fúnebre ataúd,
A la inocencia hechizas con tu nombre,
Alientas con tu voz á la virtud.

Tú sola das un bálsamo divino
Al lacerado y yermo corazon,
Y de la vida en el erial camino
Tuyas las flores que se encuentran son.

Hasta en la losa de la tumba fria
Vierte tu luz divina claridad,
Y al penetrar en su mansion sombría
El hombre espera inmensa eternidad.

TO HOPE.

Magic name, by mortals adored;
Happy dream of enchantment and illusion;
Thou, whose light brightens the future;
Thou, whose aroma intoxiactes the heart:

Supreme blessing which bountiful heaven
Did grant to the unhappy mortal,
And which, in the barren and sandy desert,
Caused the crystal spring to take its source.

Thou art God's paternal smile;
Thou art the gift of his divine love;
Gentler than the murmuring breeze;
Sweeter than the blossom's fragrance.

Thou art an angel that accompanies man
From his cradle to the funeral hearse;
Thou charmest innocence with thy name,
And encouragest virtue with thy power.

Thou only givest a divine balsam
To the lacerated and forlorn heart,
And on life's uncultivated road
Thine are the blossoms that we find.

Even upon the stone of the cold tomb
Thy light spreads a divine luster,
And on entering its gloomy abode
Man hopes for infinite eternity.

Por tí el guerrero de su hogar querido
Corre al combate con heróico ardor,
Y del cañon el hórrido estampido
Escucha sin espanto ni temor.

Tuya es la voz que le promete gloria,
Tuyo el afan que se despierta en él,
Mostrándole una página en la historia
Y una corona eternal de laurel.

Al marinero que en el frágil leño
Surca el imperio del terrible mar,
Tú le prometes de tesoros dueño
A la patria querida retornar.

¡ Ay ! tu tambien delirio lisonjero
Siempre serás del triste trovador.
Tú de su vida el áspero sendero,
Perfumarás con encantada flor.

Tuya es la voz que escucha enardecido,
Que le revela un alto porvenir,
Y de las leyes del eterno olvido
Intenta audaz un nombre redimir.

En vano envuelta en el inmundo cieno
La envidia exhala su infernal vapor,
En vano vierte insana su veneno,
En vano lanza el grito detractor.

Que cuando se alza en el brillante cielo
Mirando al sol el águila real,
No ve al reptil que en el oscuro suelo
Clavarle intenta su aguijon fatal.

For thee the warrior, from his beloved home,
Runs to the combat with heroic ardor,
And the cannon's horrifying report
He hears without dread or fear.

Thine is the voice that promises him glory;
Thine the eagerness that awakens in him
Showing him a page in history
And an eternal crown of laurel.

To the mariner in his fragile bark,
Who ploughs the empire of the terrible sea,
Thou promisest that, the master of riches,
To his beloved home he will return.

Ah! thou likewise shalt always be
The mournful troubador's delightful delirium,
And the rough road of his life
Thou wilt perfume with enchanted flowers.

Thine is the voice, to which he ardently listens,
That reveals to him a superior hereafter,
And from the laws of eternal oblivion
He boldly attempts to redeem a name.

In vain doth Envy, wrapped in the unclean
Exhale its infernal breath;   [mire,
In vain it insanely scatters its venom;
In vain it utters its slanderous cry,

For the imperial eagle that soars upward into
The brilliant sky, with his gaze on the sun,
Sees not the reptile on the somber ground,
Intent on piercing him with its deadly fang.

Y tú, tierno amante
Que triste suspiras
De ausencia las iras,
De olvida el rigor,

¿Qué balsamo suave
Mitiga tu pena,
Y encanta y serena
Tu acerbo dolor?...

Tú sola, Esperanza!
Tu influjo divino
Del crudo destino
Se sabe burlar.

No temen tus flores
La fuerza del hielo,
Y en árido suelo
Las haces brotar.

Ven, pues, ¡oh Diva! tu favor imploro,
Muéstrame ya tu seductora faz...
Ah, no te pido ni el laurel, ni el oro,
Solo ambiciono sosegada paz.

Déjame ver en venidero dia
Una choza pajiza entre verdor,
Miéntras trinando en la enramada umbría
Las aves canten su inocente amor.

Allá me ofrece la apacible calma
Exenta de temor y de inquietud,
Descanso dulce que apetece el alma,
Supremo bien, que anhela la virtud.

And thou, tender lover,
Who sadly bemoanest
The anguish of absence,
And the keenness of oblivion,

What gentle balsam
Soothes thy pain,
And charms and quiets
Thine austere sorrow?

Hope, it is thou alone!
Thy divine influence
Can laugh
At rude fate.

Thy flowers fear not
The rigors of the frost,
And from barren soil
Thou makest them spring.

Come then, O, Diva! I implore thy favor:
Show me now thy seductive face.
Ah! I ask of thee neither honors nor gold:
All I covet is restful peace.

Let me behold, in a day to come,
A thatched cabin in the midst of verdure,
While in the shady branches
The birds warble their innocent love.

There peaceful tranquility,
Exempt from fear and anxiety,
Affords me sweet repose: supreme benefits
Craved by the soul, and by virtue longed for.

De las ciudades el ambiente impuro
No osará, no, mi asilo penetrar.
Ni de un palacio el ostentoso muro
La luz del sol me llegará á robar.

No veré allí ni mármoles ni bronces,
Que presten su dureza al corazon,
Y libre siendo por mi bien entónces,
Me inspirarán sus dueños compasion.

No allí la envidia arrastrará su planta,
Ni la calumnia elevará su voz,
Ni la perfidia, que al herir encanta,
Ni la codicia, allí estará, atroz.

Ni allí abrazada de la fiebre impía
Beberá el alma en turbio cenagal,
Ni en el silencio de la noche umbría
Oiré el rumor de inmundo bacanal.

Ni veré frentes pálidas, marchitas,
Surcadas ¡ ay ! en tierna juventud,
Cual si de Dios por el furor malditas
Ansias enoja la paz del ataúd.

Mas en la tarde, al márgen del arroyo,
Veré cansado al labrador pasar,
Del pueblo honor, de su familia apoyo,
Que alegre torna á su tranquilo hogar :

Y del ganado escucharé el balido,
Y allá distante el compasado son
Con que se anuncia al ánimo abatido
La hora feliz de calma y oracion.

The city's impure atmosphere
Will not dare to penetrate my abode,
Nor will the ostentatious wall of a palace
Rob me of the sunlight.

There will I see neither marble nor bronze,
Which perchance lend their hardness to the heart;
And then being free from my possession,
Their masters will inspire me with compassion.

There Envy will not wend her way,
Nor Calumny raise her voice,
Nor Perfidy, who revels in wounding;
Nor will atrocious Covetousness be there;

Nor will the soul, burning with impious fever,
Drink from the turbid swamp,
Nor in the silence of shady night
Will I hear the noise of low bacchanalia;

Nor will I see pallid brows, faded
And wrinkled in tender youth,
Like perfidious desires that offend
The peace of the tomb through the wrath of God.

But in the evening, at the margin of the brook,
I will see the tired laborer pass— [ly—
The honor of his village, the support of his fami-
Returning joyfully to his peaceful home.

And I will hear the bellowing of the cattle,
And yonder in the distance the measured sound
Which announces to the dejected spirit
The happy hour of peace and prayer.

Sauces dolientes, palmas solitarias,
Templos serán, no ingratos al Señor,
Donde dirija al cielo mis plegarias,
Cual puro aroma de inocente flor.

Será la grama mi alfombrado suelo,
Tendré do quier magnífico dosel,
Harán las hojas su vistoso velo
Y flores mil resaltarán en él.

Y miéntras duerma en el modesto lecho
No sentiré latir el corazon,
Ni conturbarse mi agitado pecho
Con sueños ¡ay! de gloria ni ambicion.

Al despertar con las pintadas aves
Saldré á los campos, saludando al sol,
Y entre perfumes cándidos, suaves,
Me embriagaré de luz y de arrebol.

Para mi mesa ofrecerá la oveja
Su blanca leche, y frutas el verjel,
Agua la fuente, y la industriosa abeja
Panales mil, de perfumada miel.

Ay! este cuadro, en que descansa el alma
Pinta, esperanza, en mágico cristal,
Y en dulce sueño de inocencia y calma
Deja que olvide el ruido mundanal.

Deja que alegre tus promesas crea,
Deja que venza al desaliento atroz,
Aunque mentida mi ventura sea,
Aunque desmienta el porvenir tu voz.

Weeping willows, solitary palms,
Will be temples, not displeasing to the Lord,
Where I shall direct my prayers to heaven
Like the pure fragrance of the simple flower.

The wheat-grass will be my carpeted floor,
And all around I shall have a magnificent canopy:
The leaves, studded by a thousand flowers,
Will form its beautiful curtains.

And while I sleep upon my modest couch
I will not feel the beating of my heart,
Nor my agitated breast purturbed
With dreams of glory and ambition.

On waking with the gay colored birds
I will go to the fields, greeting the sun,
And amid pleasant and mild perfumes
I will intoxicate myself with light and colors.

My table will be spread with the sheep's
Pure milk and the orchard's fruits,
The fountain's water, and a thousand combs
Of the industrious bee's honey.

Ah! Hope paints this picture
In which the soul rests in magical transparency,
And in sweet dreams of innocence and peace,
Leaving it to forget the worldly bustle.

Let me believe thy glowing promises;
Let me conquer infinite faintness,
Although my happiness may be unreal,
And although thy voice belie the future.

Y pasen del mundo
Placeres risueños,
De gloria los sueños,
De amor la ilusion.

Y pasen las voces
De frio ateismo,
Que arroja el abismo
De estéril razon.

Y pasen pugnando
Las viejas naciones,
Queriendo eslabones
Eternos romper.

Y oprima el tumulto
Legítimo dueño,
Y tiemble del ceño
De intruso poder.

Y pasen del hombre
Locuras, dolores,
Blasfemias, furores,
Proyectos sin fin.

Veré solamente,
Mecida en tus alas,
Mi choza, las galas
Del bello jardin.

Y en vano del mundo
La pompa engañosa
Mi paz venturosa
Querrá perturbar.

And though pleasant joys
Disappear from the world,
The dreams of glory
And love's illusion ;

And the voices
Of cold atheism be hushed,
Cast up from the depths
Of sterile reason ;

And the old nations
That would break asunder
Eternal links
In contention, pass away ;

And the legitimate
Master overpower the mob ;
And though it tremble at the
Of the intruded power ;   [frown

And tho' madness and sorrows
Depart from man,
Blasphemies, ambitions,
And endless designs,

I shall only see,
Rocked on thy wings,
My cabin, and the beauties
Of my lovely garden.

And in vain my happy peace
Would wish to perturb
The world's
Deceitful pomp.

> Seré á su atractivo,
> Que al necio alucina,
> Del monte la encina,
> La roca del mar.

GERTRUDIS G. DE AVELLANEDA

To its fascination, that deludes
The fool, I shall be
The oak of the mountain,
The rock of the sea.

GERTRUDIS G. DE AVELLANEDA.

EL VEINTE Y CINCO DE MAYO DE 1838
EN BUENOS-AIRES.

"Ya raya la aurora del dia de mayo:
Salgamos, salgamos á esperar el rayo
Que lance primero su fúlgido sol.

"Mirad, todavía no asoma la frente,
Pero ya le anuncia cercano al oriente
De púrpura y oro brillante arrebol.

"Mirad esas filas, el rayo, el acero,
Los patrios pendones, la voz del guerrero
Al salir el astro saludo le harán:

"De párvulos tiernos inocente coro
Alzará á los cielos el canto sonoro,
Y todas las madres de amor llorarán.

"Por los horizontes del rio de Plata
El pueblo en silencio la vista dilata
Buscando en las aguas naciente fulgor;

"Y el aire de vivas poblaráse luego
Cuando en el baluarte con lenguas de fuego
Anuncie el momento cañon tronador.

"Cándida y celeste la patria bandera
Sobre las almenas será la primera
Que el brillo reciba del gran luminar.

THE TWENTY-FIFTH OF MAY, 1838, IN BUENOS AYRES.

"Already breaks the dawn of the (twenty-fifth)
Out, out, to await the first ray   [day of May
Shed by its resplendent sun.

"Behold! not yet he shows his face,
But already the purple, golden
And brilliant lights announce him near the orient.

"Behold those ranks, those files, those swords,
The patriot's pennons; and the warrior's voice
Will greet the orb as it rises.

"A chorus of young and innocent children
Will raise to heaven their tuneful song,
While all their mothers will weep with love.

"Over the horizons of the river La Plata,
In silence the people extend their gaze
Seeking in the waters the growing brilliancy.

"And then the air will become alive
When in the bastion the thundering cannons
Announce the moment with tongues of fire.

"The native flag, pure and celestial,
Over the turret, will be the first
To receive the gleam of the great luminary.

"Y ved en las bellas cándida y celeste
Como la bandera la nítida veste
En gracioso talle gracioso ondear.

"Yo he sido guerrero: tambien ha postrado
Mi brazo enemigos: me le ha destrozado
La ardiente metralla del bronce español.

"No sigo estandartes inútil ahora,
Pero tengo patria:... Ya luce la aurora,
Y seré dichoso si miro este sol."

Así entre estranjeros que absortos vian,
Y á ver esta pompa de léjos venian
Hablaba un soldado, y era jóven yo.

¡ Qué mayo el de entónces ! ¡ Qué glorias aquellas
¡ Pasaron ! ¡ Pasaron ! Ni memoria de ellas
Consiente el tirano que el mando robó.

¡ Ay ! sella tu labio, antiguo guerrero,
Y no hables ahora si ansioso estranjero
La gloria de mayo pregunta cuál es !

¡ Sí, sella tus labios, reprime tus iras,
¡ Ah ! no te desprecien los hombres que miras,
Espera los dias que vendrán despues !

¡ En vano se abrieron de oriente las puertas !
¡ Cómo en negra noche, mudas y desiertas
Las calles y plazas y templos están !

Solo por escarnio de un pueblo de bravos,
Bandas africanas de viles esclavos
Por calles y plazas discurriendo van.

"And behold on the fair maidens the bright, pure
And heavenly robes, like the flag,
Gently undulating upon the graceful form.

"I have been a warrior: my arm has also
Prostrated enemies, and has destroyed
The burning grape of Spanish metal.

"Now no more I uselessly follow the flag:
But I have a fatherland. Now shines the dawn,
And I will be happy gazing upon that sun.

Thus among strangers, absorbedly wandering,
And come from afar to see this parade,
Spoke a soldier, and I was young.

That day of May has passed! What glories those!
They are gone, they are gone! the tyrant not even
Allows their memory. It is robbed by his command.

Alas! seal up thy lips, old warrior,
And speak not now if an anxious stranger
Ask which is the glory of May.

Yes, seal thy lips; repress the indignation;
Ah! let not the men thou seest despise thee,
But wait for the days to come!

In vain the orient opened its gates!
Mute and deserted, as in a dark night,
Are the streets, and squares, and churches!

And as if to mock a nation of braves,
Only bands of Africans—of abject slaves,
Go rambling through the streets and squares.

Su bárbara grita, su danza salvaje
Es en este dia meditado ultraje
Del nuevo caribe que el sur abortó.

Sin parte en tu gloria, nacion argentina,
Tu gloria, tu nombre, tu honor abomina:
En su enojo el cielo tal hijo te dió.

Feroz y medroso, desde el hondo encierro
Do temblando mora, la mano de hierro
Tiende sobre el pueblo mostrando el puñal.

Vergüenza, despecho y envidia le oprimen
Los hombres de mayo son hombres de crímen
Para este ministro del genio del mal.

Sin él Patria, Leyes, Libertad gritaron,
Sin él valerosos la espada empuñaron,
Rompieron cadenas y yugo sin él.

Por eso persigue con hórrida saña
A los vencedores de su amada España,
Y en el grande dia la venga cruel.

El Plata, los Andes, Tucuman hermoso,
Y Salta y el Maipo, y el Perú fragosa,
¿Le vieron acaso pugnar y vencer?

Vilcapujio, Ayuma, Moquegua, Torata,
Donde la victoria nos fué tan ingrata,
¿Le vieron acaso con gloria caer?

A fuer de cobarde y aleve asesino
Espiaba al momento que al pueblo argentino
Postrado dejara discordia civil.

Their wild shout; their savage dance;
Is now a meditated outrage
Of the New Carib, cast up by the south.

Without a share in thy glory, Argentine nation,
He detests thy fame, thy name and thy honor:
Such the son that heaven sent thee in its wrath.

Savage and coward, from the deep prison
Where he dwells in fear, and stretches his iron hand
Over the people, exhibiting his poniard.

Shame, despair and envy crush him.
The men of May are men of crime
For this agent of the genius of evil.
                                    [and Laws!"
Without him they shouted: "Country, Liberty
Without him they bravely grasped the sword;
And without him they broke chains and yokes.

Therefore he persecutes with fearful rage
The conquerors of his beloved Spain,
And on the great day the cruel revenge.

La Plata, the Andes, and grand Tucuman,
And Salta, and the Maipo, and craggy Peru,
Did they, perchance, see him fight and conquer?

Vilcapujio, Ayuma, Moquegua, Torata,
Where victory was so ungreatful to us,
Did they, perchance, see him with glory fall?

Upon the word of a coward and treacherous assas-
He watched for the moment when civil discord [sin
Would leave the Argentine people exhausted.

Y al verle vencido por su propia fuerza
Le asalta, le oprime, le burla y se esfuerza
En que arrastre esclavo cadena servil.

¡ Oh Dios ! No supimos vivir como hermanos
De la dulce patria nuestras mismas manos
Las tiernas entrañas osaron romper :

Y por castigarnos al cielo le plugo
Hacer que marchemos uncidos al yugo
Que oscuro salvaje nos quiso imponer !

¿ Y tú, Buenos-Aires, ántes vencedora,
Humillada sufres que sirvan ahora
Todos sus trofeos de alfombra á su pié ?

¿ Será que ese monstruo robártelos pueda
Y de tí se diga que solo te queda
El mísero orgullo de un tiempo que fué ?

¿ Qué azote, qué ultraje resta todavía,
Qué nuevo infortunio, cara patria mia,
De que tú no seas la víctima ya ?

¡ Ah ! si tu tirano supiese siquiera
Reprimir el vuelo de audacia estranjera
Y vengar insultos que no vengará !

De Albion la potenta sin duro castigo,
Del Brasil, de Iberia bajel enemigo
La espalda del Plata jamas abrumó.

¡ Y hora estraña flota le doma, le oprime,
Tricolor bandera flamea sublime,
Y la azul y blanca vencida cayó !

And on seeing them conquered by his own power
He assailed and crushed them with mocking defiance,
Exerting his might to make them drag the servile
[chain of slavery.

O, God! we know not how to live as brothers;
Our own hands dared to tear
The tender entrails of our sweet native land;

And to punish us it pleased heaven
To make us march, tied to the yoke
Imposed on us by a wicked savage!

And thou, Buenos Ayres, who before wast the
Art thou compelled to meekly bear the sight [victor,
Of his trophies serving as a carpet for his feet?

Can it be that this monster robbed thee of them,
And can it be said that to thee remains only
The miserable pride of a time that was?

What calamity, what outrage remains there yet,
What new misfortune, my dear native land,
Of which thou art not already a victim?

Ah! if thy tyrant but knew
How to arrest the progress of foreign audacity,
And to avenge insults which he would not avenge,

The hostile ships of Albion's power,
And of Brazil, and of Iberia's might, would never
Have overlayed La Plata's silvery surface.

And now a foreign fleet rules and oppresses it;
The tri-colored flag sublimely flutters,
And the blue and white falls conquered!

¿Qué importa al perjuro tu honor ó tu afrenta?
Los heróicos hechos que tu historia cuenta,
Tus dias felices, tu antiguo esplendor,

Deslumbran su vista, confunden su nada,
Y el bárbaro intenta dejar apagada
La luz que á los libres en mayo alumbró.

Tú, que alzando el grito despertaste un mundo
Postrado tres siglos en sueño profundo
Y diste á los reyes tremenda leccion.

¿De un déspota imbécil, esclava suspiras?
¡Eh! contra tu fuerza ¿qué valen sus iras?
¿No has visto á tus plantas rendido un Leon?

¡Hijos de mi patria, levantad la frente
Y con fuerte brazo la fiera inclemente
Que lanzó el desierto, de un golpe aterrad!

Lavad nuestra mancha, valientes porteños,
Y mostrad al mundo que no tiene dueños
El pueblo que en mayo gritó Libertad.

JUAN CRUZ VARELA.

What cares the perjurer for thy honors or abuse?
The heroic deeds which thy history records,
Thy happy days, thy former splendor,

  Dazzle his senses, bewilder his littleness;
And the tyrant designs to leave smothered
That gleam which in May enlightened the free.

  Thou who, raising the cry, didst awaken a world,
Prostrated three centuries in profound sleep,
And didst give the kings a tremendous lesson;

  Dost thou sigh as the slave of an imbecile despot?
Aye! against thy bravery what avails his ire?
Hast thou not seen at thy feet a vanquished Lion?

  Sons of my fatherland, lift your brows,
And with an iron arm smite ye, with one fell blow,
The cruel brute cast up by the desert!

  Efface our stain, ye brave porteños, *
And show to the world that the people
Who cried, "Liberty!" in May, no masters have.

JUAN CRUZ VARELA.

* Dwellers in the vicinity of a sea port.

LOS TRÓPICOS.

FRAGMENTOS DE UN POEMA MANUSCRITO:
"EL PEREGRINO."

Y en medio de las sombras
Enmudece la voz del peregrino,
Y el rumor de las ondas solamente
Y el viento resbalando por el lino,
Sobre el Fénix se oia,
Que como el genio de la noche huia
En las alas del viento tristemente;
Alumbrando sus huellas
Sobre el azul y blanco las estrellas.
. . . .

Qué bello es al que sabe sentir con la natura
Pasar al mediodía del circo tropical,
Y comparar el cielo de la caliente zona
Con el que tibia pinta la luz meridional.

Los trópicos! radiante palacio del crucero,
Foco de luz que vierte torrentes por do quier!
Entre vosotros toda la creacion rebosa
De gracia y opulencia, vigor y robustez.

Cuando miró imperfecta la creacion tercera
Y le arrojó el diluvio la mano de Dios,
Naturaleza llena de timidez y frio
Huyendo de los polos al trópico subió.

THE TROPICS.

FRAGMENTS OF A MANUSCRIPT POEM ENTITLED "THE PILGRIM."

And in the midst of the shadows
The pilgrim's voice is silent,
And only the murmur of the waves
And the breeze, gliding through the sail,
Could be heard upon the Phœnix,
As if the genius of night were mournfully
Fleeing on the wings of the breeze;
The stars lighting its tracks
Over heaven and space.

. . . .

How grand to him who is in sympathy with nature
To pass to the south of the tropical circle,
And to compare the sky of the sunny zone
With that but tepidly lighted by the southern sun.

The tropics! brilliant palace of the Southern Cross;
Focus of light that sheds its torrents everywhere!
Within thee the whole creation overflows
With elegance and opulence, vigor and strength.

When Nature saw the third creation imperfect,
And the hand of God sent the deluge,
She climbed, fleeing timidly and chilled,
From the poles to the tropics.

Y cuando dijo : "basta !" volviéndola sus o-
Y decretando al mundo su nuevo porvenir, [jos,
El aire de su boca los trópicos sintieron
Y reflejarse el rayo de su mirada allí.

Entónces como premio del hospedaje santo
Naturaleza en ellos su trono levantó,
Dorado con las luces de la primer mirada,
Bañado con el ámbar del hálito de Dios.

Y derramó las rosas ; las cristalinas fuentes,
Los bosques de azucenas, de mirtos y arrayan :
Las aves que la arrullan en melodía eterna,
Y por su linde rios mas anchos que la mar.

Las sierras y los montes en colosales formas,
Se visten con las nubes, de la cintura al pié :
Las tempestades ruedan y cuando al sol ocultan
Se mira de los montes la esmeraltada sien.

Su seno engalanado de primavera eterna,
No habita ese bandido del Andes morador,
Que de las duras placas de sempiterna nieve
Se escapa entre las nubes á desafiar al sol.

Habitan confundidos la tigra y el jilguero,
Tocanos, guacamallos, el leon y la torcaz,
Y todos, cuando tiende su oscuridad la noche
Se duermen bajo el dátil, en lechos de azahar.

La tierra, de sus poros vegetacion exhala
Formando pabellones para burlar al sol,
Ya que su luz desdeña, pues tiene el diamante
Del oro y topacio magnífico esplendor.

And when He said: "Enough!" turning to her
And decreeing to the world its new future,
The tropics felt the breath of His word,
And there the light of His eye reflected.

Then, as a reward for her holy reception,
Nature erected there her throne,
Gilded with the light of the first gaze
And bathed with the amber of the breath of God.

And she scattered roses; crystalline springs;
The forests of white lilies, of myrtles and blossoms;
The birds that court her in endless melody,
And her limits were rivers wider than the ocean.

The ridges and mountains, in colossal shape,
Are clad in clouds from head to foot;
The tempests revolve, and when they darken the sun
One sees the emerald peak of the mountains.

Her bosom, adorned in an eternal spring,
Is not inhabited by the bandit dweller of the Andes *
Who escapes from the hard crests of perpetual snow
Among the clouds to challenge the sun.

There, mingled together, dwell the tiger and the linnet,
Peppereaters, macaws, the lion and the wild pigeon;
And when night spreads her darkness [orange blossoms.
They all slumber beneath the date palm, on beds of

The earth yields vegetation from her pores,
Forming curtains to mock the sun,—
As she disdains his light,—for the diamond has
The magnificent splendor of the gold and topaz.

---

* The South American condor.

Naturaleza vírgen, hermosa, radiante,
No emana sino vida y amor y brillantez :
Donde cayó una gota del llanto de la aurora,
Sin ver pintadas flores no muere el astro rey ;

Así como la niña de quince primaveras
De gracias rebosando, de virginal amor,
No bien recibe el soplo de enamorado aliento
Cuando á su rostro brotan las rosas del rubor.

Los trópicos !   El aire, la brisa de la tarde
Resbala como tibio suspiro de mujer,
Y en voluptuosos giros besándonos la frente
Se nos desmaya el alma con dulce languidez.

Mas ¡ ay ! otra indecible, sublime maravilla
Los trópicos encierran, magnífica : la luz.
La luz ardiente, roja ; cual sangre de quince años
En ondas se derrama por el espacio azul.

Adónde está el acento que describir pudiera
El alba, el mediodía, la tarde tropical ;
Un rayo solamente del sol en el ocaso,
O del millon de estrellas un astro nada mas ?

Allí la luz que baña los cielos y los montes
Se toca, se resiste, se siente difundir ;
Es una catarata de fuego despeñada
En olas perceptibles que bajan del cenit.

El ojo se resiente de su punzante brillo
Que cual si reflectase de placas de metal,
Traspasa como flecha de imperceptible punta
La cristalina esfera de la pupila audaz.

From pure, beautiful and radiant nature
Emanates but life and love and splendor;
Gay colored flowers greet the fading astral king
Where fell a drop from aurora's tears.

So the maiden of fifteen summers,
Shining in graces and virginal love,
No sooner receives its breath
Than the roses of modesty bloom on her brow.

The tropics! The air and the evening breeze
Waft, like a woman's warm breath,
And, kissing our brows in voluptious turns,
The soul in sweet languor is rocked.

But ah! another inexpressible and sublime wonder
The tropics comprise: the magnificent sun
And the red glowing light it scatters in waves
Through azure space like the blood in youth's veins.

Where are the words that could describe
The dawn, the noon and tropical night,
Or even one ray of the setting sun,
Or one planet among the millions of stars.

There the light that bathes the sky and the mountains
Can be touched and resisted, and felt to diffuse;
It is a cataract of fire precipitated
In perceptible waves that descend from the zenith.

The eye resents its stinging dazzle
Which, as if reflected from metal plaques,
Penetraes the chrystalline orb of the daring pupil
Like an arrow with imperceptible point,

Semeja los destellos, espléndidos radiantes
Que en torbellino brota la frente de Jehová
Parado en las alturas del Ecuador mirando,
Los ejes de la tierra por si á doblarse van.

Y con la misma llama que abrasa vivifica
La tierra que recibe los rayos de su sien,
E hidrópica de vida revienta por los poros
Vegetacion manando para alfombrar su pié.

Y cuando el horizonte le toma entre sus brazos
Partidas las montañas fluctuando entre vapor,
Las luces son entónces vivientes inflamados
Que en grupos se amontonan á despedir al sol.

Enrojecidas sierpes entre doradas mieses
Caracoleando giran en derredor á él,
Y azules mariposas en bosques de rosales
Coronan esparcidas su rubicunda sien :

Y mas arriba, cisnes de nítido plumaje
Nadando sobre lagos con lindes de coral,
Saludan el postrero suspiro de la tarde
Que vaga como pardo perfume de la altar.

Y muere silenciosa mirando las estrellas
Que muestran indecisas escuálido color ;
Así como las hijas en torno de la madre
Cuando recibe su alma la mano de Dios.

Si en peregrina vida por los etéreos llanos
Las fantasías bellas de los poetas van,
Son ellas las que brillan en rutilantes mares
Allá en los horizontes del cielo tropical.

Resembling the shining and brilliant darts
That spring in multitudes from Jehovah's brow,
While standing on the heights of the equator to see
If the earth's axis would bend;

And with the same flame that heats vivific
The earth that receives the rays from His temples,
Abundant vegetation, hydropic with life,
Bursts through its pores to carpet His feet.

And when the horizon embraces the light
And the mountains are divided, floating among the mists
Then the lights are living flames
Crowded in groups to dismiss the sun.

Scarlet serpents, among the golden sheaves,
Around him caracole and revolve,
And blue butterflies in fields of roses
Gayly crown his rubicund temples.

And further up, swans of elegant hues,
Swimming on coral bordered lakes,
Greet the last breath of the evening
Which floats like incense from the altar.

That light, in changing, subdued colors,
Silently dies, gazing at the stars,
Like the daughters around their mother
When the hand of God receives her soul.

If the poet's beautiful thoughts
Peregrinate through the ethereal plains,
It is they that shine in brilliant seas
Yonder in the horizons of the tropical sky.

Allí las afecciones se avivan en el alma ;
Allí se poetiza la voz del corazon :
Allí es poeta el hombre ; allí los pensamientos
Discurren solamente por la region de Dios.

Un poco mas...y el mustio color de las estrella
Al paso de la noche se aviva en el cenit,
Hasta quedar el cielo bordado de diamantes
Que por engaste llevan auréolas de rubí.

Brillantes, despejadas, inspiradoras, bellas,
Parecen las ideas del infinito ser,
Que vagan en el éter en glóbulas de lumbre
No bien que de su labio se escapan una vez :

Y en medio de ellas rubia, cercana, trasparente
Con íris y auréolas magníficas de luz,
La luna se presenta como la vírgin madre
Que pasa bendiciendo los hijos de Jesus.

José Marmol.

There the affections revive in the soul ;
There the voice of the heart is poetized ;
There man is a poet ; there the thoughts
Ramble only through the abode of God.

A little later and the dim color of the stars
Brightens in the zenith as night approaches,
Until the sky is spangled with diamonds
Having for a setting aureoles of ruby.

Brilliant, clear, inspiring and grand,
Appear the designs of the Infinite Being ;
And no sooner have they left his lips
Than they roam in the ether in globules of light,

And in their midst, crimsoned and near, transparent
With prisms and maginficent aureoles of light,
The moon appears like the Virgin Mother
Blessing the children of Jesus on her way.

JOSÉ MARMOL.

LA GLORIA.

A DON FELIX DE AZARA.

¡Adelante!...¡adelante!...nada importa
Que rasgando la bóveda del cielo,
Cual flamígera nube, ardiente velo
Amague al universo devorar:
¡Adelante!...¡adelante!...nada importa
Que zumbe el huracan, y en fiero embate
El rayo tremebundo se desate
Q en sus hondos abismos ruja el mar!

No importa que en furioso torbellino
Se despense la inmensa catarata,
Y cubra con su sábana de plata
El bosque y la llanura hasta el confin.
No importa que la tierra tiemble ó ceda
Bajo la planta del audaz viajero,
Y no encuentre ni huella ni sendero
Que le conduzca de su marcha al fin.

El adelante seguirá, ¡adelante!
Cruzando siempre con mayores brios,
Selvas, desiertos, páramos y rios,
Que absortos dejan alma y corazon.
El sol á plomo lanzará sus rayos...
Pero es en vano que el viajero asalten,
Que el aire incendien y en la yerba salten
Sus mil lenguas de fuego en rebelion.

GLORY.

TO DON FELIX DE AZARA.

   Onward, onward! it matters not
If a burning veil, rending the heavenly arch
Like a fiery cloud,
Threaten to consume the universe;
Onward, onward! it matters not
If the hurricane roar and the dreadful
Thunderbolts break loose in a fierce attack,
And the ocean roar in its profound depths;

   It matters not if the immense
Cataract spend itself in a raging torrent,
And cover with its sheet of silver
The woods and the plains as far as the confines reach;
It matters not if the earth tremble or yield
Under the foot of the daring wanderer,
And he find neither foot-prints or path
To lead him from his march to the end;

   Progress will follow onward!
Crossing always with greater courage
Forests, deserts, wilderness and rivers,
That leave the soul and the heart amazed.
The sun will dart his vertical rays,
But in vain they assail the wanderer;   [tongues
In vain they influence the air, and his thousand
Of fire in vain rebound from the earth in rebellion.

El impasible cruzará los brazos,
Y aunque un instante le acongoje el fuego,
Firme y altiva su mirada luego
En el vasto horizonte clavará.
Y entre ardorosa nube de ceniza
El terreno pisando, que aun humea,
Será el incendio su gloriosa tea,
Y él tras las llamas adelanta irá.

¡ Siempre adelante !.... Fétidas lagunas,
Negros vapores que la muerte exhalan,
Vámpires que con sangre se regalan,
Insectos que se aferran á la piel,   [do
Sierpes que anuncian su presencia con hirien
Tigres hambrientos que la selva aduna,
Y que al trémulo rayo de la luna
Rebramando se acercan en tropel.

Bárbara tribu que se oculta aleve
Y allí al cristiano vengativa acecha
Con la veloz, envenenada flecha,
Que silba, hiere, pasa y no se ve ;
Nada amedrenta ni detiene al fuerte
Varon heróico en su fatal camino,
Puede darle en él tumba su destino...
¡ Mas no obligarle á desviar el pié !

Un impulso secreto, un misterioso
Instinto que invencible le domina,
Le arrebata, le impele, le encamina
Do cumpla su mision, triste ó feliz.
Y cae y se levanta, y cae de nuevo
Y otra vez mas altivo se levanta ;
Y sigue sin temor, firme la planta,
Sereno el pecho, erguida la cerviz.

The impassive man will cross his arms
And, although for a moment the heat may oppress him,
Firmly and proudly he will fasten
His eyes on the vast horizon,
And treading the ground between fiery
Clouds of ashes that yet smoke,
The conflagration will be his glorious torch,
And he, behind the flames, will onward march.

Ever onward! Foul mires,
Black, death-exhaling gases,
Vampires that feast on blood,
Insects that cling to the skin,
Serpents that announce their presence by wounding,
Famished tigers which the forest gathers
And which, roaring, approach in confusion
In the quivering light of the moon.

The barberous tribe that treacherously conceals,
And there revengefully waylays the christian
With the swift, poisoned arrow
That whizzes, strikes and passes unseen.
Nothing frightens or detains the strong
Heroic man upon his fatal road.
His destiny may plunge him into his tomb,
But cannot force him to divert his step.

A secret impulse, a mysterious
Instinct that invincibly dominates him,
Attracts him, impels him, guides him
To where he is to fulfill his mission, sad or happy.
And he falls and rises, and falls again;
And again, more proudly, he rises
And advances with a firm step and without fear,
Serene in heart and erect his brow.

Acaso en premio de su afan arribe
De su ansiada esperanza al grato puerto,
Y á la posteridad legue cubierto
Su nombre de aureola divinal.
Y acaso ese demonio que persigue
Al genio y la virtud con furia insana,
Dé á su noble ambicion tumba temprana
Y á su memoria olvido perennal.

Esa es la gloria!...Los que van tras ella
Su juventud arrojan en sus aras,
Dichas, placeres, ilusiones caras,
Cuanto atesora el alma y corazon.
Así tan solo se fecunda y brota
Y se entreabre su espinoso lirio;
Porqué la gloria es...nada...ó el martirio:
¡Es del ángel proscripto la espiacion!

Miéntras palpita el hombre, ella le pide
Toda la savia de la vida suya,
Y hace que ardiente sin cesar refluya
En la fragua del tiempo el porvenir.
Porvenir que no llega, sino cuando
El alma rompe su mortal cadena,
Y se remonta á la religion serena
Entre nubes de rosa y de zafir.

Viene entónces la gloria, casta vírgen,
Que huye del hombre cuanto mas la implora
Y en su sepulcro se le entrega y llora,
Porque viviendo le negó su amor:
La tierra besa que sus restos cubre
Y el puro llanto que á raudales vierte
En luz y aromas y laurel convierte
Lo que ántes era polvo corruptor.

Perhaps by chance, as a reward for his anxiety,
He anchors in the delightful haven of his longed for
To his posterity bequeathing   [hope,
His name, covered with a divinal aureole.
Or perhaps that demon which persecutes
Genius and virtue with insane fury,
Will give his noble ambition an early grave,
And to his memory, perennial oblivion.

That is glory! Those who pursue it
Throw their youth, happiness, joys
And cherished illusions upon her altars:
All that is treasured by the heart and soul.
Thus only her thorny iris fructifies,
Grows and blossoms;
For glory is either nothing or martyrdom:
It is the expiation of the proscribed angel.

While man breathes she demands of him
All the vitality of his existence,
And she causes time to come and reflow,
Burning and unceasingly, into the forge of Tempus;
The future which comes rot, excepting when
The soul breaks its mortal chain
And soars into the region of tranquility
Among clouds of rose and sapphire.

Then Glory, the chaste virgin, comes,
Fleeing from man however much he may implore;
And to his grave he is consigned, and mourned,
Because, when living, she refused him her love.
The earth which covers his remains,
Kisses that which before was common dust,
And pure grief, pouring down in torrents,
Converts it into light, fragrance and fame.

Tu fuiste, oh Azara ! tambien escogido,
Tambien en tu losa gimiendo aun está
La gloria que un dia te vió decidido,
Arrostrar las iras del gran Paraná.

Tu nombre aun repiten, al salvar las rocas,
Con salto gigante, Guazú y Aguaray,
Y al oirlo es fama, que en sus anchas bocas
Tiembla y se detiene su inmenso raudal.

La brisa que viene de la ignota Pampa
Trae una armonía dulce para tí,
Y hasta el indio bravo que en sus valles campa
La oye alborozado con gozo infantil.

Gime el Aconquija y en su blanca espalda
No borran las nieves tus huellas, feliz
Paraguay no tiene para tu guirnalda
Suficientes flores en su gran jardin.

Uruguay, la tierra do vertió á millares
Sus mas ricos dones pródigo el Señor,
Ostenta en su bella corona de azahares
Tu nombre, diamante que á España robó.

Y cuando vil chusma traspasa la sierra
Por donde impetuoso corre el Yaguarron ;
Cuenta que se rasga y asoma en la tierra
Brillante la línea que Azara trazó.

Las vírgenes selvas del chaco salvaje
Y los densos bosques del Yi y Tucuman,
Dicen que al nombrarte doblan su ramaje
Y aromada lluvia de sus hojas cae.

Thou wast, O, Azara ! also the chosen,
And also in thy tombstone yet lies that glory
Which once beheld thee resolutely
Provoking the ires of the great Paraná.

The Guazú and Aguaray still repeat thy name
As they leap over precipices with a giant bound,
And which to hear is already glory, for in their
Broad deltas their mighty torrents tremble and linger.

The breeze which comes from the igneous Pampa
Bears a sweet melody for thee,
And even the wild Indians camping in its valleys
Hear it exhilarated with childish joy.

The Aconquija sighs, and on his white shoulder
May the snows not efface thy tracks,
For the great garden of happy Paraguay
Holds not sufficient flowers for thy wreath.

Uruguay, the land where the Lord prodigally
Shed in multitudes his richest gifts,
Displays in her beautiful crown of orange blossoms
Thy name—the diamond which she robbed from Spain.

And when a contemptible mob crosses the sierras
Through which the Yaguarron impetuously flows,
Know that the boundary which Azara traced
Will brilliantly appear and flourish on the earth.

The virgin forests of the wild Chaco
And the dense woods of the Yi and Tucuman
They say, at mention of thee, Azara, bend their
And fragrant rain falls from their leaves.   [branches,

Tiene el Plata un vago colosal murmullo
Con que á veces cuenta su dolor al mar,
Y yo que poeta comprendo su arrullo
Sé que tu memoria nunca olvidará.

Llora por tí, Azara, porque tú no fuiste
Ni venal, ni torpe, ni déspota cruel ;
Llora por tí, Azara, porque mereciste
La rica diadema que puso en tu sien.

Digna y envidiable, fúlgida aureola,
Que alcanzó tu esfuerzo, virtud y saber !
Déjame admirarla...tu gloria española
Tambien de mi patria, de América es !

ALEJANDRO MAGARIÑOS CERVANTES

La Plata has a vague and mighty murmur
With which at times it tells its sorrow to the sea ;
And I who, as a poet, understand its murmuring
Know that it will never forget thy memory.

It weeps for thee, Azara, because thou wast neither
Venal, infamous, nor a cruel despot ;
It weeps for thee, Azara, because thou didst deserve
The rich diadem which it placed upon thy brow :

A worthy, enviable and resplendent aureole,
Attained by thy effort and valor and wisdom.
Let me admire it—thy Spanish glory   [America.
Which belongs to my fatherland—to the glory of

   ALEJANDRO MAGARIÑOS CERVANTES.

A LA JUVENTUD.

"Abre tus puertas, mundo!... ensancha, vida
Para mí tu camino!
Broten raudales de placer divino,
De amor, de libertad! grandes pasiones
Dadme, dadme sin fin... mi alma encendida
Se agita en sed de vivas emociones.
Quiero agotar ¡oh vida! tus tesoros,
Devorar quiero, mundo, tus placeres,
Gloria, virtud, festines y mujeres;
Cantos, risas, y amores...
Todo debe formar mi alta ventura,
Todo lo encierras en tu rico seno,
Como guardan las flores
En su caliz feliz la esencia pura.

"Es tan bella la vida!.. y vigorosa
Palpita, hierve en mi agitado pecho:
Y cual hielo deshecho
Al rayo vencedor del astro ardiente,
De mi inspirada mente
Se disipan las áridas lecciones
De la adusta esperiencia,
De la helada vejez vanas visiones
Para espantar la crédula inocencia.

"Horrible te pintaban, mundo amado,
Y un eden puro de delicias eres:
Tu ambiente perfumado
En languidez sublime me aletarga...

TO YOUTH.

"Open thy gates, O, world! Life, widen
For me thy path!
Let torrents of joys divine,
Of love and liberty gush forth! Give me
Great ambitions without end. My kindled soul
Is excited with the thirst of keen emotions.
I would exhaust, O, life! thy treasures,
And would consume, O, world! thy joys.
Glory, virtue, feasts and women,
Songs, mirth and affections;
All must form my coveted happiness.
All this thou dost enclose in thy rich bosom
Like the happy flowers that hold
Their essence pure within their calyx.

"Life is so beautiful! and vigorously
It palpitates and boils within my agitated breast
And like the ice, dissolving
At the conquering ray of the burning orb of day
The dry lessons
Of gloomy experience,
And the useless prophesies of hoary age
That frighten credulous innocence,
Are scattered from my inspired mind.

"They painted thee horrible, beloved world,
Yet thou art a pure eden of delights:
Thy fragrant surroundings
Put me in a lethargy of sublime languor.

¡ Dáme, dáme placeres,
Que el alma es grande, la existencia larga !
Gozar quiero, gozar.. tantas hermosas
De frente pura, de mirar sereno,
Mi ardiente culto aceptarán gozosas ;
Coronado de rosas
Y adormecido en palpitante seno,
Gozando cantaré su amor divino,
Que es amor de la vida el dulce encanto
Y amor será mi plácido destino :
¡ Mi destino feliz ! quién ¡ ay ! merece
Culto tan santo, adoracion tan pura
Como vosotras, que debeis al cielo,
Con el alma de un ángel su hermosura ?
¡ Mujeres adorables ! no se mece
Tan bella flor en esmaltado suelo
Al soplo de la brisa,
Ni de aromas tan suaves,
Como es hermosa y dulce la sonrisa
De vuestra pura boca,
Que al beso ardiente del amor provoca.

"En vuestro seno, cándido, inocente
No cabe, no, la falsedad traidora,
Pura el alma teneis, pura la frente,
Como la luz primera de la aurora.
¡ Vírgenes celestiales !
De vuestro amor las dulces emociones
Me inundarán de aromas y armonía,
Y vosotras seréis los manantiales
De mi eterna alegría :
Y si penetro de la gloria al templo,
Si pulsando la lira al orbe admiro ;
O dando heróico ejemplo,

Oh! for joys, and more anon!
For the soul is great and life is lone!
To enjoy, to enjoy! What beautiful
Maidens, with pure and gentle brow,
Will joyfully accept my ardent adoration;
Crowned with roses
And slumbering on the palpitating bosom,
Enraptured I will sing to its heavenly love,
For the sweet charm is the love of existence,
And love will be my placid destiny—
My happy destiny! Who, ah! who deserves
Such holy worship, such pure adoration,
As ye that owe to heaven
Your angelic soul and beauty combined?
Adorable woman! No such beautiful flower
Stirs on the embellished soil
In the breath of the breeze,
Or of such delicate fragrance,
As to resemble the beautiful and sweet smile
Of your innocent lips
That excite the ardent kiss of love.

"In thy pure and innocent bosom
Insiduous deceit finds, indeed, no room.
Thy soul is pure, and placid thy brow,
Like the first light of dawn.
Celestial virgins!
The sweet emotions of thy love
Will overwhelm me with fragrance and harmony,
And thou shalt be the spring
Of my eternal rejoicing.
And when I penetrate from glory to the temple,
Admiring this world at the sound of my lyre;
Or giving heroic examples,

De amor de patria y libertad ardido
A las lides me lanzo,
Y el laurel á los héroes concedido
Por mi valor y mi entusiasmo alcanzo :
La guirnalda preciosa,
Por vuestras manos de marfil tejida,
Refrescará mi enardecida frente :
Y en vuestros brazos bellos
La laureada cabeza descanzando,
Me adormiré escuchando
Del popular aplauso el alto grito,
Y en ensueños de gloria
Veré mi nombre en letras de oro escrito
Entre los grandes héroes de la historia.

¡ Gloria ! don celestial ! númen divino !
Eterna fuente de grandiosos hechos !
¿ Dó estan los tibios pechos
Que no palpiten á tu nombre augusto ?
¿ Dó las almas cobardes
Que no se inmolen en tu altar sublime ?
Sed de tí me devora,
Y de alcanzarte la ambicion me oprime...
No mas ¡ ay ! con tu sombra me desveles ;
Toma mi vida, y dáme tus laureles.

"La vida, sí, la vida !...hermosa ofrenda
Si en las aras divinas se consagra
De la alma libertad, y tu aureola
La ciñe en torno de celestes rayos.
Oh ! la muerte no es muerte !...
Si eterna vida me concedes, gloria,
La muerte es la victoria !
¡ Verdugos ! preparad vuestros cuchillos,

Glowing with love of country and liberty,
I launch into the battles ;
And the laurel, to heroes granted,
I win through my valor and enthusiasm.
Then the precious wreath,
Woven by thine ivory hands,
Will cool my burning brow ;
And resting my laureled head
In thy beautiful arms
I will slumber listening
To the loud cry of popular applause,
And in dreams of glory
Will see my name written in letters of gold
Among the great heroes of history.

"Glory ! heavenly gift ! celestial deity !
Eternal fountain of great deeds !
Where are the indifferent hearts
That quicken not at thy august name?
Where the coward souls
That would not sacrifice themselves on thine ex-
The thirst for thee consumes me,   [halted altar?
And to win thee ambition crushes me.
No more let the shadow disturb my sleep ;
Take my life and give me thy crown.

"Life ? yes, life !   Beautiful offering
When the soul's freedom is consecrated
On the heavenly altars, and thy aureole
Crowns it in turn with celestial rays.
Ah ! death is not death !
If thou, O, Glory, wilt grant me eternal life,
Then death will be my victory !
Executioners, prepare your knives !

Vuestros cadalsos levantad, tiranos !
Aquí os espera mi entusiasmo ardiente,
La palma del martiro entre las manos
Y el eterno laurel sobre mi frente !

" De mi tumba gloriosa
El tierno amor y la amistad sincera
Con llanto y flores regarán la losa...
El amor ! la amistad ! bienes divinos
Que á mis bellos destinos
Serán perfumes de celeste rosa.

" Abre tus puertas, mundo, que ya ansío
Tus goces devorar y aun tus dolores...
Todo es sublime en tí, nada sombrío ;
Placeres, amistad, cantos, laureles,
En tí mezclado con virtudes veo :
Puros tus goces, tus amores fieles,
Grande tu gloria y tus encantos creo."

Dice la juventud, y ardiente avanza
Por el estéril campo de la vida,
De mil flores ceñida,
Llena de fé, radiante de esperanza...
¿ Qué haces del hombre ¡ oh mundo !
Que lleno de ilusiones
A tí llegó con férvido entusiasmo
Pidiéndote virtudes y emociones ?...

Su duro agudo el desengaño esgrime,
La fé vacila, el entusiasmo calma,
Nace la duda que emponzoña el alma
Y entre tinieblas la esperanza gime.
Esto le das ¡ oh mundo ! y cuando todas,

Erect your scaffolds, ye tyrants!
Here my ardent enthusiasm awaits thee;
In my hands the palm of martyrdom,
And on my brow the fadeless laurel.

"Tender love and friendship sincere
Will strew the tombstone of my grave
With flowers and lamentations.
Love, friendship! heavenly treasures
That will be fragrance of celestial roses
For my beautiful destinies.

"Open thy gates, O, world! for already I long
To taste thy joys, and even thy sorrows.
In thee all is sublime; nothing gloomy.
Pleasures, friendship, songs and crowns,
I see in thee, mixed with virtues.
I believe thy joys innocent, thy affections true,
And great thy glory and thy charms."

Thus says Youth, and eagerly he advances
Upon the barren field of life,
Wreathed with a thousand flowers,
Full of faith and radiant with hope.
What dost thou with man, O, world,
Who, full of illusions,
Comes to thee with fervid enthusiasm
Praying to thee for virtue and emotions?

Disappointment unsheathes its pointed dart;
Faith wavers; enthusiasm is calmed;
Doubts arise which poison the soul,
And hope in utter darkness moans.
This thou givest to him, O, world! and when

Sus creencias y virtudes
En tus abismos el dolor derrumba,
Triste y árido hastío
Le roe el alma con su diente frio,
Y le arrojas cadáver en la tumba.

Gertrudis G. de Avellaneda.

Repentance casts all his beliefs and all his virtues
Into thy gulf of destruction,
An abject and arid loathing
Gnaws his soul with its deadly tooth,
And he is cast by thee, a corpse, into the grave.

GERTRUDIS G. DE AVELLANEDA.

EL CEMENTERIO DE ALEGRETE

EN LA NOCHE.

Los que en las dichas de la vida ufanos,
Correis jugando su azorosa senda,
Ceñidos de fortuna con la venda,
Que os muestra eternos sus favores vanos:

Los que de risas y venturas llenos,
Orlada en flores la altanera frente,
Cruzais por esta rápida corriente
Que en barca de dolor surcan los buenos;

Los que libais en la nectárea copa
De los placeres sus delicias suaves
Como los trinos de doradas aves,
Como los besos de una linda boca:

Volved la espalda á la suntuosa sala,
De orgullo y oro y corrupcion vestida,
Venid á este salon á que os convida
La muerte ornada de su eterna gala.

Venid á este salon, á cuya puerta
Malgrado tocaréis en algun dia;
Aquí de los vapores de la orgía
Vuestra alma libre, se verá despierta.

THE CEMETERY OF ALEGRETE.

AT NIGHT.

Ye who, proud in life's riches,
Hasten gayly over its unlucky path,
Blindfolded with the bandage of destiny,
Showing you her vain favors, as if eternal ;

Ye who, replete with happiness and fortune,
Your haughty forehead bordered with flowers,
Cross this rapid stream
Thro' which the just plough on the bark of sorrow

Ye who taste from the nectareal cup
The gentle delights of pleasures,
Like trills of gay plumed birds,
Like kisses from lovely lips :

Take leave from the sumptuous hall,
Clothed in pride, and gold, and corruption,
And come to the hall where death invites you
Ornamented with his eternal grandeur.

Come to this hall at the door of which,
In disappointment, ye will knock some day.
Here thy soul, free from the breath .
Of frantic revels, will behold itself enlightened.

Y es bueno conocer una posada
A que hemos de llegar precisamente,
Ya se marche en carroza refulgente,
Y arrastrando entre zarzas la pisada ;

Y es útil levantar esas cortinas
Que la heredad envuelven mas preciosa,
Y del que planta solamente rosas,
Y del que coge solamente espinas !

Y es justo contemplar lo que nos queda
De todos los regalos que da el mundo,
A los que estamos en dolor profundo,
Y á los que ensalza la voluble rueda !

¡ Oh ! no tardeis los favoritos de ella !
Lujo hay tambien en el palacio helado ;
Cada astro le es un arteson plateado,
Cada horizonte una columna bella.

Allí está el leño redentor del hombre,
Trono de un Dios y de su sangre lleno ;
Y de esas tumbas en el yerto seno,
Hay riqueza y poder, beldad y nombre.

Todo es sublime como el Dios de todo,
Y de su lampo la verdad le alumbra,
La eternidad en pompa se columbra
Sobre humana soberbia que ya es lodo.

Lodo y no mas, dichosos de la tierra,
Seremos y seréis ! ¿ Es un consuelo
Que nos permite compasivo el cielo
A los que el templo de fortuna cierra ?

And it is well to know a home
Where we are inevitably to arrive,
Whether riding in a brilliant coach
Or dragging along the steps through difficulties;

And it is profitable to lift those curtains
Which envelope the most precious inheritance
Of him who plants only roses,
And of him who gathers only thorns;

And it is just to contemplate what is left to us
Of all the gifts which the world bestows,
And ourselves, who live in deepest sorrow,
And those whom the voluble wheel extols.

Oh! be not late, ye favored ones,
For grandeur also dwells in the icy abode:
Each heavenly body is to it a plated vault;
Each horizon a magnificent pillar.

There lies the clay, the redeemer of man,
A throne of God, and of his own blood;
And in the motionless bosom of those tombs
Rest wealth, and power, beauty and fame.

All is exhalted, like the Almighty God,
And from his splendor Truth lights her torch,
While far away eternity can be discerned, in its
Above human pride, now gone to dust. [splendor,

You and we, the happy ones of this world,
Will be dust and nothing more. Is it a consolation
That merciful heaven allows to us
Who are included in the temple of fate?

Sí, que en dolor el alma desgarrada
Al reino de la muerte nos llegamos,
Y en su espejo infalible divisamos,
Que gloria, pena, dicha, todo es nada !

Sí que en este lugar se os ve temblando
Palidecer entre congoja y miedo,
Y del manto del tiempo el viejo ruedo
Con mano desperada asegurando,

Quisierais detenerle en su carrera
Que os arrastra tranquila y majestuosa,
Y al batir de su pié, se abre la fosa
Que inevitable al término os espera !

Y si de régia pompa precedido
Llega á esa puerta el ataúd fastuoso ;
Es que el mundo que os fué tan engañoso,
Os arroja de sí con gran ruido.

Y si se alza altanero en el momento
Para albergar vuestro despojo helado :
De la humanal prudencia es un legado,
Que á la soberbia manda el escarmiento.

Y si preces sin fin se oyen en coro
A la fúlgida luz de mil hachones :
Es remedar sin fé las oraciones,
Para pedir á vuestras arcas oro.

¿ Lo dudais ?   Preguntad al prócer fiero
Que entre mármol y bronce allí reposa,
Al Creso que recubre aquella losa,
Al bravo que aquí duerme con su acero.

Yes, for we arrive at Death's domain,
The soul with sorrows torn,
And in its infallible mirror we discern
That glory, sorrow and happiness, all are ciphers!

And if in this place ye tremble
And shudder between anguish and fear,
Grasping with a desperate hand
The ancient border of the mantle of Time,

Ye would detain him in his course
As he tranquilly and majestically draws you over.
At the tap of his foot the grave that inevitably
Awaits you at the end unlocks.

And when, preceded by stately pomp,
The fastuous hearse arrives at this gate,
Then the world, which was to you so deceitful,
Casts you from her with grand eclat.

And when for the moment she haughtily rises
To shelter your cold remains,
It is a legacy of merciful prudence
That chastisement orders pomp.

And if you ceaselessly pray you hear in chorus,
In the resplendent light of a thousand torches:
"To ask riches for your coffers
Is to imitate prayers without faith."

Do ye doubt? Ask the feared grandee
Who reposes there between marble and bronze;
As the Crœsus under the block of marble;
Ask the brave one who sleeps here with his sword.

¿A dónde está el poder, á dó la gloria
Que en tanto de la tierra era preciada;
Dó la opulencia que brilló envidiada;
A dónde el himno audaz de la victoria?

Todo pasó cual humo disipado,
Todo pasó! pero quedó el olvido...
Y ¿acaso en el sepulcro del mendigo
Un instante ese bien habrá faltado?

Ahora...volved á vuestro mundo hermoso
Y en medio del festin y sus cantares,
Incensad de fortuna los altares,
Envueltos en su brillo esplendoroso.

Adormecéos en sitial dorado
De la lisonja al embriagante acento;
"Caigan virtud y honor para el contento
"De quien en noble cetro está apoyado."

Hollad al débil si piedad os pide
Y al mísero que gima en vuestra sala,
No le deis aun las sobras de la gala,
Que donde quiera vuestra planta mide!

Alzad la espada sanguinosa y fuerte,
Que doma al pueblo, esclavitud sembrando,
Y de las leyes el altar pisando,
Poblad la tierra de orfandad y muerte!

Que yo, sobre las tumbas recostado,
De vuestras dichas y poder me rio;
En la justicia del señor confío,
Que solo el que la ofende es desgraciado!

MELCHOR PACHECO Y OBES.

Where is power? Where is glory,
So highly prized by the world?
Where the envied opulence that glittered?
Where the fearless hymn of victory?

All have vanished like dissipated smoke;
All passed! Only oblivion lasted—
And did even a beggar's tomb
Ever miss this boon for an instant?

Now return to your beautiful world
And in the midst of its feasts and songs,
Incense the altars of fortune,
Wrapped in its magnificent lustre.

Slumber ye under guilded canopies
With the intoxicating voice of flattery:
"Let virtue and honor fall for the satisfaction
Of him who leans upon a magnificent sceptre."

Trample the weak if they beg for mercy,
And to the wretch who moans in your hall,
Yield not the remains of the pomp
Which all around your foot can measure!

Raise your sanguinary and mighty sword
That rules the people, sowing slavery,
And treading upon the altars of law,
Fills the earth with orphans and death!

For I, on this tomb reclining,
Laugh at your riches and power.
I trust in the justice of the Lord,
For he only is miserable who offends it.

MELCHOR PACHECO Y OBES.

AMERICA.

Ceñida de jazmin y enredadera
Y entre viejas montañas escondida,
Pasa su blanda y perezosa vida
Una tierra bellísima, un jardin.

América unos hombres la llamaron
Y sus hijos despues lo repitieron;
Sus moradas sobre ella suspendieron
La sílfide, la fada, el serafin.

Las auras de sus bosques centenarios
Mecen los mil jazmines de su frente,
Y en aroma purísimo, inocente,
Se desprende al columpio virginal.

Ciñen su inmensa frente por diadema
Ejércitos de palmas cimbradoras,
Altivas caducas moradoras
Del desierto y del tórrido arenal.

Descienden en vistosos torbellinos
De trasparentes perlas sus cascadas,
Y bordan las corolas perfumadas
De la campestre y olvidada flor.

AMERICA.

Crowned with jessamine and bind-weed,
And amidst ancient mountains concealed,
A most lovely land—a garden,
Passes its gentle and indolent life.

America, some men called it
And their children repeated it;
The sylph, the fairy and seraph
Suspended over her their homes.

The zephyrs of her ancient woods
Rock the multitude of jessamines on her brow
And amidst purest and simple fragrance
The virginal swing is unloosened.

For a diadem, armies of pliant palms,
Proud and ancient dwellers
Of the desert and torrid sands,
Crown her mighty brow.

Her cascades descend in lovely
Showers of transparent pearls,
Embroidering the fragrant corollas.
Of the wild and lonely flowers.

Pueblan sus altos robles y sus ceibas,
En bandos pintorescos los turpiales,
Y ostentan los mitrados cardenales
La púrpura de Tiro en su color.

Las deidades del mar visten sus playas,
De caracoles, conchas y corales,
Que ostentan sus desiertos arenales
Como un cinto de perlas y rubí.

Encaje pintoresco y ondulante
Con que adornan su vírgen vestidura,
La casta, hermosa, celestial y pura
Tierra de los ensueños de alhelí.

Un cielo azul, benigno, trasparente
De nubes de oro y nácar tachonado,
Y sus noches de amor, engalanado
Con millares de estrellas por do quier.

Es el toldo magnífico, esplendente,
Que con tierna, y bellísima sonrisa
Tiende en las alas de la mansa brisa
El ángel de los sueños y el placer.

Los ojos de sus bellas son de fuego,
Sus miradas fascinan y eloquecen;
Descarriados arcángeles parecen
Que descendieron en su vuelo aquí.

Sus morenas mejillas, sus melenas,
Sus senos voluptuosos, palpitantes,
Del corazon arrancan delirantes
Mil suspiros de ardiente frenesí.

The finches, in picturesque flocks,
Inhabit her oaks and silk-cotton-trees,
And the mitred nightingales
Display the Tyrean purple in their tints.

The deities of the ocean deck her shores
With shells, periwinkles and corals,
Which deck her sandy beaches
Like a belt of pearls and rubies.

The picturesque and undulating mosaic
With which they adorn the virgin vestures
Of the lovely, chaste, pure and heavenly
Land of dreams, and home of the gillyflower.

An azure, benign and transparent sky,
Fringed with clouds of gold and pearl,
And its nights of love, decked
Everywhere with millions of stars.

It is the magnificent, splendid toldo
Which, with a tender and delicious air,
Unfolds on the wings of the gentle breeze
The angel of dreams and joys.

The eyes of her lovely maidens are of fire ;
Their gaze charms and enraptures,
They seem like archangels who have lost their
And in their flight descended here.   [way

Their dusky cheeks, their flowing locks,
Their bosoms, voluptuous and palpitating,
Press from the heart a thousand
Delirious sighs of fervent madness.

Tus bosques, tus rios, tus limpias cascadas
Eternos sus flores, sus aguas te den,
Tus auras fugaces de aroma cargadas
Columpien tus palmas con blando vaiven.

Tu cielo de estrellas, azul, trasparente,
Derrame su manso fulgor para tí;
Y rica y altiva, feraz y potente,
Los soles te alumbren, fantástica hurí.

Esconda en tus flores sus lágrimas puras
La cándida y tibia mañana de paz,
Y tienda en tus verdes feraces llanuras,
Su velo de rosas liviando y fugaz.

Arrullen tu casto, mansísimo sueño,
Del bosque las brisas con dulce rumor,
Y el canto del ave, silvestre, halagüeño,
Tu paz interrumpa con notas de amor.

Desciendan en vistosos torbellinos
De trasparentes perlas tus cascadas,
Y borden las corolas perfumadas
De la flor escondida y virginal.

Ciñan tu inmensa frente por diadema
Ejércitos de palmas cimbradoras,
Siempre altivas y eternas moradoras,
Del llano, el bosque, el valle, el arenal.

Vierta Dios á torrentes en tu suelo,
Virtud, saber, prosperidad, bonanza,
Y el eterno fanal de la esperanza
Alumbre tu dormir, tu despertar.

May thy woods, thy rivers, and thy limpid cas-
Forever give thee their flowers and waters; [cades,
May thy light, aroma laden breezes
Gently rock thy palms to and fro.

May thy starry heaveans, clear and blue,
Scatter for thee their gentle light;
And may the sun shine upon thee, noble
And proud, fruitful, mighty and fantastic

May the candid and mellow morn of peace houri.
Conceal in thy flowers its pure tears,
And on thy green and fertile plains, lightly
And gently unfold its veil of delights.

May the breeze of the forest
Lull thy pure, gentlest sleep with sweet murmurs,
And the song of the bird, rural and alluring,
Interrupt thy peace with tunes of love.

May thy cascades descend in lovely
Showers of transparent pearls
And fringe the fragrant petals
Of the wild and virginal flowers.

For a diadem may armies of waving palms
Crown thy stupendous brow,
Ever proud and eternal dwellers
Of the plains, woods, valleys and shores.

May God scatter on thy soil, in showers,
Virtue, wisdom, prosperity and happiness:
And may the eternal beacon of hope
Brighten thy sleep and thy awaking.

Que el genio misterioso de los siglos
Sobre su inmensa trípode sentado,
Te augure con la fé del inspirado
Glorias que éi mismo no podrá borrar.

A. Lozano.

May the mysterious genius of the ages,
Seated upon his colossal tripod,
Augur thee with the faith of the inspired,
Glories which he himself could not efface.

      A. Lozano.

EL DIA FINAL.

Cumpliéronse los tiempos! de sus obras
Retira el Criador su excelsa mano,
Y aquella voz que enfrena al oceano,
Terrible é indignada,
"!Toma! dice á la nada,
"!Cuanto de tí saqué, de mí recobras!"

Y alzando el ángel de la muerte el vuelo
Por los inmensos campos del vacío,
Raudo entre nubes de color sombrío,
Que al sol envuelven en luctuoso velo,
De planeta en planeta
Pasa llevando la sentencia dura,
A que el Supremo Artífice sujeta
De su poder la portentosa hechura.

Rota la ley que ordena el movimiento
De inumerables mundos,
Por la vasta estension del firmamento,
Sin rumbo ni compas vagan errantes
En confusion y vértigos profundos.
Unos con otros luchan: sus brillantes
Destellos palidecen;
Y el espacio sin fin el grito absorbe
Que cruza por los ámbitos del orbe.

THE FINAL DAY.

The cycles of time have passed! The Creator
Withdraws his supreme hand from the work,
And that voice which restrains the oceans,
Terrible and indignant,
Thus saith to vacancy: "Receive!
Thou reclaimest what I produced from thee!"

And the angel of death, raising his flight
Through infinite fields of space,
Rapidly passed between sable clouds
Which envelope the sun with a veil of mourning,
Bearing the heavy sentence
From planet to planet,
To which the Supreme Maker binds
The prodigeous work of his omnipotence.

The law once broken that orders the movement
Of innumerable worlds,
They rove at random, without rudder or compass,
In confusion and vertigo profound,
Through the vast extension of the firmament.
One struggles against the other: their brilliant
Lights fade;
And space hurries along that eternal cry
Which crosses the limits of the sphere.

¡Escuchad, escuchad!!...Los aquilones
Rápidos giran, y en su curso ciego
De unas á otras regiones
Van el carro de fuego
De la sañuda tempestad lanzando:
Las altivas naciones
Pálidas tiemblan con pavor nefando,
Y cual flexibles cañas
Doblan sus crestas ásperas montañas.

Por las ciudades, de opulencia emporios,
Rugiendo van los tigres y panteras;
Las aves carniceras
Refúgianse en magníficos cimborios
De alcázares y templos; y en las grutas
De sanguinarias fieras,
Hermanos contra hermanos
Se abalanzan hambrientos los humanos.

[gro espanto
¡No hay amor! ¡no hay piedad! Del ne
Del furor ciego y el pesar profundo,
Huyendo van los sentimientos suaves...
Del inocente infante el tierno llanto,
Y del anciano los dolores graves,
La desesperacion en su iracundo
Frenético anhelar, en vano escucha...
¡Naturaleza con la muerte lucha!

¡Espectáculo atroz! La mar devora
Campos y pueblos que no dejan rastros,
Y se alza bramadora
Amenazando al cielo,
Como si el apagar fuese su anhelo
La ya marchita lumbre de los astros.

Listen, listen!! The north winds
Rapidly revolve, and in its blind career
From realm to realm
The fiery chariot
Is launched by the furious tempest.
The haughty, pallid nations
Tremble with contemptible fear,
And mountains bend their sharp crests
Like pliant reeds.

Through cities of opulent emporiums
Go roaring tigers and panthers;
The birds of prey
Take refuge in magnificent cupolas
Of temples and castles; and in the caves
Of ferocious beasts
Men ravenously dash,
Brothers against brothers.

There is no love, no piety! The gentler
Sentiments flee before gloomy fear,
Blind fury and deep sorrow:
Despair, in its furious,
Frenetic anxiety,
In vain hears the feeble cry of the infant
And the caustic sorrows of the aged—
Nature is struggling with Death!

Awful spectacle! Oceans engulfing
Fields and villages without leaving a vestige,
Roaring and rising,
Threatening the heavens,
As if its desire were to extinguish
The light of the stars, already faint.

La ponderosa mole de la tierra
Su movimiento y turbulencia imita,
Vorágines inmensas abre y cierra
Y en convulsion frenética se agita.

¡ Despareció la lobreguez ! El cielo,
Hoguera inmensa sacudiendo llamas,
Con claridad fatídica ilumina
La universal catástrofe. Del velo
De densos nubes, que desgarra el rayo,
Despeja el sol la enrojecida frente,
Y de su centro súbito desata
Volcánico torrente,
Que por el ancho espacio se dilata.

Brama en el aire ignífero oceano,
Zumba y estalla el fulminante trueno ;
Giran chocando rápidos planetas,
Como del mar en proceloso seno,
Desmanteladas y perdidas naos ;
Cruje la tierra ; el cielo se desgarra,
Tiende la muerte su acerada garra ;
Gime la creacion y torna el cáos !
! Reina la eternidad ! sobre los mundos,
Devueltos á la nada,
El ígneo trono del Señor se asienta :
Yace á sus piés la muerte encadenada,
Rota en su mano inerme
La guadaña sangrienta,
Y el tiempo á su lado inmóvil duerme.

GERTRUDIS G. DE AVELLANEDA.

The ponderous mass of the earth,
Following its movement and turbulence,
Opens and closes immense vortices
And stirs in frightful convulsions.

Darkness disappears! and heaven,
The vast bonfire, discharging flames,
Illuminates the universal catastrophe
With a prophetic light. The sun clears
His fiery brow from the veil
Of dense vapors sent by the thunderbolt,
And suddenly unfastens
A volcanic torrent
That spreads through the extensive space.

The igniferous ocean roars in the air;
The fulminating thunder peals and cracks;
Rapid planets revolve, colliding
Like ships unmasted and wrecked
In the stormy bosom of the sea;
The earth creaks; the heavens fall;
Death stretches his steel-like claws;
Creation moans and chaos returns!
Eternity reigns! Over the worlds,
To naught returned,
Rests the fiery throne of the Lord:
At his feet lies Death in chains;
His sanguinary scythe is broken
In his unarmed hand,
And Time sleeps motionless at His side.

Gertrudis G. de Avellaneda.

A LA LUNA.

¡ Oh luna solitaria !
Un argentado rayo
De tu luz se refleja blandamente
Sobre mi adusta y amarilla frente.

Tus puros resplandores,
Tu quietud, qué contraste
Con el triste negror del alma mia,
Y con la convulsion de mi agonía !

En un tiempo me viste
De la infiel en los brazos,
En un mar de deleites sumergido
De celestes visiones seducido.

Esperando me viste
La cita apetecida,
Y acusando del tiempo la tardanza,
Que diferia el colmo á mi esperanza

Entónces yo contaba
Del reloj los compases,
Tardos, al paso que eran repitidos
Con rapidez del pecho los latidos.

TO THE MOON.

   O, solitary moon !
A silvery ray
Of thy light softly reflects
Upon my gloomy and sombre brow.

   Thy pure brilliancy,
Thy repose : what a contrast
To the mournful gloom of my soul,
And the convulsions of my agony.

   Upon a time thou didst behold me
In the arms of the faithless one,
Plunged in a sea of delights,
Seduced by celestial visions.

   Thou didst behold me waiting
For the craved appointment,
And accusing the slowness of time
Which deferred the hegiht of my hope.

   I counted then
The strokes of the clock ;
Tardy, compared with the speed
With which the heart beats were repeated

Ahora tu luz serena
En mis párpados dora
Una lágrima amarga y solitaria,
Como lo son mi queja y mi plegaria.

La sombra de la angustia
Que el corazon desgarra
Se proyecta en mis ojos negra y triste,
Y el universo de pavor resiste.

Mis sueños de ventura
Huyeron para siempre :
La infausta realidad me ha despertado
Y el seductor encanto ha disipado.

Solo queda la imágen
De la fiel que adoraba.
¿ Mas qué ? ¿ La he olvidado y no la adoro ?
Mis labios callen : dígalo mi lloro.

Su imágen es el pino
Que crece en el desierto,
El pájaro qué en noche umbría canta,
La torre que entre ruinas se levanta.

De mi dicha el recuerdo,
Luna, brilla en el alma
Cual tu rayo en el mar embravecido
Cuando el rudo aquilon lo ha sacudido.

¿ Por qué ocultas tu disco
Tras la parda montaña ?
¿ Aun tú me dejas sin alivio, oh luna ?
¿ Aun para tí mi queja es importuna ?

Thy solemn light
Now gilds upon my eyelids
A tear as bitter and solitary
As my lamentations and my prayers.

The shadow of anguish
That rends my heart,
Projects from my vision, dark and gloomy,
And the universe resists with dread.

My happy dreams
Forever fled ;
Unfortunate reality has awakened me
And the tempting charm has vanished.

Only the image remains
Of the faithful one which I adored.
But what? Have I forgotten, and adore her not?
My lips be silent: my tears shall speak.

Her image is the pine
That grows in the desert ;
The bird that sings in the shady night ;
The tower that rises amidst the ruins.

The memory of my happiness,
Dear moon, shines in my soul
As shines thy ray upon the stormy sea
Lashed by the rough septentrion blast.

Why dost thou hide thy disk
Behind the mountains gray?
Thou e'en wilt leave me comfortless, O, moon,
And e'en to thee my plaint is importune.

Si tú á quien miré siempre
Cual deidad bienhechora,
No prestas un consuelo á mi amargura,
Me queda un postrer bien ; la sepultura.

Sonrío contemplando
Que del duro destino
El furor implacable y saña airada,
Bien pronto, no hallarán sino la nada.

Sueñe con nueva vida
El mortal que disfruta
De placeres, de gozo y bienandanza,
Miéntras yo digo "á Dios" á la esperanza

José Manuel Cortés.

If thou, to whom I have always looked
As to a beneficent deity,
Dost not grant consolation for my sorrow,
A solace yet remains for me—the grave.

I smile while contemplating
That the implacable madness
And angry rage of rude destiny
Full soon will find but naught.

May the mortal one who enjoys
The pleasures and mirth and happiness,
Dream with a new life,
Whilst I shall say: "All hope, farewell."

JOSÉ MANUEL CORTÉS.

AL LIBERTADOR,

EL DIA DE SU CUMPLEAÑOS.

CANCION.

CORO.

Compatriotas, llegó nuestro dia !
Hoy el grande *Bolivar* nació,
Nuevo Alcides, pavor de tiranos
Y de América gloria y amor.

¡ Columbianos, pasó la tormenta !
Ya no se oye tronar el cañon ;
Ya no se oyen los gritos de muerte,
Ni del huérfano el triste clamor.
Sobre el suelo feliz de la patria
No ha quedado ni un solo español,
Y Columbia reposa en los brazos
De la Paz, la Concordia y la Union.

Compatriotas, etc.

Hoy la América entera te aplaude
Y las artes, la industria, el honor
Cuanto encierra de ilustre la Europa
Te saluda, inmortal campeon ;
Y los libres de toda la·tierra,
Acordando uniformes su voz,
Te proclaman el héroe del siglo,
Te titulan, el *Libertador*.

Compatriotas, etc.

TO THE LIBERATOR,

UPON HIS BIRTHDAY.

SONG.

CHORUS.

Compatriots, our day has arrived !
To-day was great Bolivar born,
The new Alcides, the tyrant's terror,
And America's love and glory.

Columbians, the storm has passsed !
No more we hear the cannon's blast ;
No more we hear the cry of death,
Nor more the orphan's bitter wail.
Upon our happy native soil
Not a single Spaniard has remained,
And Columbia reposes in the arms
Of Harmony, Union and Peace.

Compatriots, etc.

To-day entire America applauds thee
And the arts, industry and honor,
All that is famous in Europe contained,
Greet thee, immortal champion ;
And the free from all the land,
In harmony joining their voices,
Proclaim thee the hero of the age,
And name thee the Liberator.

Compatriots, etc.

Hoy recorre tu nombre igualmente
De dos mundos la inmensa estension:
¡ Prodigioso concierto de aplausos!
Ningun héroe jamas lo escitó.
A las ninfas del Támesis rico
Y del Sena y del Rin y del Pó
Corresponden con voz majestuosa
Orinoco y el gran Marañon.

Compatriotas, etc.

El rompió nuestras duras cadenas;
Vida, hogares y patria nos dió:
El, de un pueblo de tristes esclavos,
Ha formado una hermosa nacion.
Por nosotros ¡ qué angustias
Ha sufrido su gran corazon !
En quince años de afan y trabajos,
¡ Cuántas veces la muerte arrostró !

Compatriotas, etc.

¿ No los veis? En su frente gloriosa,
Coronada de eterno verdor,
¿ No los veis esos blancos cabellos,
Esas huellas de un noble dolor?
Jóven tierno empezó la carrera:
No son muestras del tiempo veloz;
De sus largas fatigas, sin duda,
De su amor y cuidados lo son.

Compatriotas, etc.

To-day thy name travels equally
The vast extension of two worlds.
Such grand concert of applause
No hero ever excited!
To the waters of the rich Thames,
And of the Seine, the Rhine and the Po,
Correspond with majestic voice
The Orinoco and grand Marañon.

Compatriots, etc.

He rent our heavy chains;
He gave us life, homes and fatherland:
He, from a people of abject slaves,
A beautiful nation formed.
For our sake what anguish
His grand heart has suffered!
In fifteen years of anxiety and strife
How many times he has faced death!

Compatriots, etc.

Upon his glorious brow,
Crowned with eternal spring,
Behold ye not those hoary locks,
Those imprints of a noble grief?
While young and tender his career began:
They are not proofs of fleeting time; [ships,
But they indeed explain his lengthened hard-
And prove his love and his cares.

Compatriots, etc.

Pero él vive ; así viva cien años
De Columbia el feliz fundador,
El guerrero impertérrito y firme
Que ha vengado á los hijos del sol !
Sí, prolónguese un siglo esa vida
Que las vidas de tantos salvó,
Y benignos conserven los cielos
En *Bolivar* al padre mejor !

Compatriotas, etc.

José Fernandez Madrid.

But yet he lives ; a hundred years may he
Columbia's happy founder,   [thus live,
The warrior, intrepid and resolute,
Who has avenged the children of the sun !
Yes, may that life a century last
That saved the lives of so many ;
And may the heavens benignly preserve
In Bolivar the best of fathers.

Compatriots, etc.

JOSÉ FERNANDEZ MADRID.

EN UNA TEMPESTAD.

AL HURACAN.

Huracan, huracan, venir te siento,
Y en tu soplo abrasado
Respiro entusiasmado
Del señor de los aires el aliento.
En las alas del viento suspendido
Vedle rodar por el espacio inmenso,
Silencioso, tremendo, irresistible
En su curso veloz. La tierra en calma
Siniestra, misteriosa,
Contempla con pavor su faz terrible.
¿Al toro no mirais? El suelo escarba
De insoportable ardor sus piés heridos,
La frente poderoso levantando,
Y en la hinchada nariz fuego aspirando
Llama la tempestad con sus bramidos!
Qué nubes! qué furor! El sol temblando
Vela en triste vapor su faz gloriosa,
Y su disco nublado solo vierte
Luz fúnebre y sombría,
Que no es noche ni dia...
Pavoroso color, velo de muerte!
Los pajarillos tiemblan y se esconden
Al acercarse el huracan bramando,
Y en los lejanos montes retumbando
Le oyen los bosques, y á su voz responden

IN A TEMPEST.

TO THE HURRICANE.

    Hurricane, hurricane, I feel thee coming,
And in thy burning blast
I rapturously respire
The breath of the lord of the elements.
    Suspended upon the wings of the wind
Behold it impelled the vast space through,
Silent, tremendous, irresistible
In its rapid course. The earth,
In a sinister, mysterious calm,
Contemplates, with terror, its fearful aspect.
See you not the bull? He paws the ground,
His hoofs moved by insupportable ardor,
Raising his powerful forehead,
And breathing fire from his swollen nostrils,
Summons the tempest with his bellowing!
What clouds, what fury! The trembling
Sun veils his glorious face with a gloomy mist
And his cloudy disk sheds only
A mournful and dismal light
Which is neither night nor day.
Dreadful light! veil of death!
The birdlets tremble and hide
At the approach of the roaring hurricane,
And in the distant mountains the woods
Hear it re-echo and respond to its voice.

Llega ya.... ¿No le veis? Cuál desenvuelve
Su manto aterrador y majestuoso!...
Gigante de los aires, te saludo!...
En fiera confusion el viento agita
Las orlas de tu parda vestidura....
Ved!... en el horizonte
Los brazos rápidísimos enarca.
Y con ellos abarca
Cuanto alcanzo á mirar de monte á monte.
Oscuridad Universal!.. Su soplo
Levanta en torbellinos
El polvo de los campos agitado! ...
En las nubes retumba despeñado
El carro del Señor, y de sus ruedas
Brota el rayo veloz, se precipita,
Hiere y aterra al suelo,
Y su lívida luz inunda el cielo.

¿Qué rumor? ¿Es la lluvia?...Desatada
Cae á torrentes, oscurece el mundo,
Y todo es confusion, horror profundo.
Cielo, nubes, colinas, caro bosque,
¿Dó estais?.... os busco en vano:
Desparecisteis.... La tormenta umbría
En los aires revuelve un oceano
Que todo lo sepulta ...
Al fin, mundo fatal, nos separamos;
El huracan y yo solos estamos.
¡Sublime tempestad! Cómo en tu seno
De tu solemne inspiracion henchido,
El mundo vil y miserable olvido
Y alzo la frente de delicia lleno!
¿Dó está el alma cobarde
Que teme tu rugir?...Yo en tí me elevo
Al trono del Señor: oigo en las nubes

Here it comes! Do you not see it? How it
Unrolls its terrifying and majestic mantle!
Giant of the air, I greet thee!
In fierce confusion the wind stirs
The fringes of the gray vesture.
Behold! in the horizon
It twirls its arms with terrible rapidity,
And with them embraces
Whatever I see, from mountain to mountain,
In universal darkness! Its blast
Raises the agitated dust
Of the fields in clouds!
The dashing chariot of the Lord
Resounds in the clouds, and from the wheels
Springs the swift thunderbolt, and falls,
Striking and tearing the ground,
And deluging the skies with its livid light.
    What uproar? Is it the rain? Unbridled
It falls in torrents darkening the earth.
All is confusion and terror profound. [woods;
The sky, the clouds, the hills, the beloved
Where art thou? For you in vain I seek:
Ye have vanished. The umbrageous storm
Stirs the air into an ocean
That buries everything.
At last, ill fated world, we separate;
The hurricane and I alone are left.
Sublime tempest! When in thy breast,
Filled with thy solemn inspiration,
I forget the wretched and miserable world,
And lift my brow, full of delight!
Where is the coward soul
That fears thy roaring? In thee I rise
To the throne of God: in the clouds I hear

El eco de su voz : siento á la tierra
Escucharle y temblar.   Ferviente lloro
Desciende por mis pálidas mejillas,
Y su alta majestad trémulo adoro.

José Maria Heredia.

The echo of his voice: I feel the earth
Listening to him and trembling. Fervent tears
Descend my pallid visage,
And tremulous I adore His exalted majesty.

JOSÉ MARIA HEREDIA.

EL AURA DE AMOR.

Al beso del aura derraman las flores
Sus copas de olores
Con suave candor ;
Y llenos de aroma, de vida y consuelo,
El bosque, la tierra, la brisa y el cielo,
Exhalan perfumes de paz y de amor.

Y es pura y es santa la esencia primera
Que vierte hechicera
La tímida flor ;
Como es inocente la lágrima pura
Que brilla en los ojos de casta hermosura
Al beso primero del auro de amor.

La cándida niña, donosa, inocente,
Que mira en su frente
Brillar el pudor ;
Suspira y ansía sentirse inspirada,
Y en sueños divinos verter perfumada
La esencia primera del aura de amor.

Y en dulces delirios mirar seductoras
La vida y las horas
Rodar sin dolor,
Cual ruedan sencillas en noches de estío
Las ondas ligeras del diáfano rio
Al leve suspiro del aura de amor.

THE BREATH OF LOVE.

At the kiss of the breath the flowers pour out
Their abundance of fragrance
With gentle candor ;
And the woods, the land, the breeze and the heavens
Filled with fragrance, life and joy,
Exhale perfumes of peace and love.

And the first essence exhaled
By the modest flower
Is pure and holy ;
As innocent as the pure tear
Sparkling in the eye of chaste beauty
At the first kiss of the breath of love.

The simple maid, gentle and innocent,
Who sees on her brow
The glow of modesty,
Sighs and longs to be inspired,
And in divine dreams to pour
The first essence of the breath of love.

And in sweet deliriums to behold
Life and the hours temptingly
Roll by without sorrow,
As the lucid waves of the clear river
Roll quietly in the summer nights
At the light breath of the kiss of love.

El ave nos brinda sus nítidas plumas,
El mar sus espumas,
Las flores su olor ;
La tierra sus galas brillantes y bellas,
Y el cielo sus nubes y blancas estrellas,
Antorchas divinas de paz y de amor.

Empero, ¿qué fueran sus castas dulzuras
Sus lágrimas puras,
Su eterno fulgor....
Si nunca vinieran en rápidos giros
Vertiendo ligeras sus dulces suspiros
Las cándidas alas del aura de amor?..

Horrible nos fueran los mares y estrellas
Las tristes querellas
Del ave y la flor ;
Y lánguidas fueran las suaves caricias,
Que llenan el alma de afables delicias,
Apénas sentimos el beso de amor.

El mundo nos brinda sus mil serafines,
Sus ricos jardines
De angélico olor ;
Y en tanto sentimos su dulce armonía,
Los goces del alma nos dan poesía,
Y eternos nos dicen : "¡la vida es amor!"

RAFAEL MARIA MENDIVE.

The bird allures us with its bright feathers;
The sea with its foam;
The flowers with their odor;
The earth with her brilliant and beautiful pomp,
And the sky with its clouds and bright stars,
Celestial torches of peace and love.

But what would become of their chaste delights,
Their pure tears,
Their eternal radiance,
If the pure wings of the breath of love
Were never to come in rapid circles
Lightly to shed their sweet sighs?

The oceans and stars would horrible seem,
And the sad complaints
Of the birds and the flowers;
And faint would seem the gentle caresses
That fill the soul with affable delights,
And hardly feel the breath of love.

The world allures us with a thousand seraphs
And its rich gardens
Of angelical fragrance;
And while we feel its sweet aroma
The joys of the soul give us poetry,
And eternally say to us: "Life is love!"

RAFAEL MARIA MENDIVE.

CREPUSCULO EN EL MAR.

> Antes de espirar el dia
> Vi morir a mi esperanza.
> ZARATE.

Allá en el horizonte el rey del dia
Su frente hunde radiosa,
Y por el vasto espacio va flotando
Su cabellera de oro luminosa.

De arreboles vistosos y cambiantes
Se adorna el firmamento
Que entre negros celajes se confunden
En su brillante airoso movimiento.

Y poco á poco sus inmensas alas
La noche va estendiendo,
Y con manto de duelo los adornos,
Y las galas del orbe va cubriendo.

Es la hora en que los tristes corazones
Ven la imágen sombría
De la esperanza que los sustentaba,
Desvanecerse con la luz del dia.

Y la hora en que yo veo de mi vida
La trama deshacerse,
Y el porvenir glorioso que halaga,
Como el cielo entre sombras esconderse.

TWILIGHT ON THE OCEAN.

> I saw my hopes vanishing
> Before the day expired.
> ZARATE.

The king of day, yonder in the horizon,
Sinks his radiant brow,
And through the vast space
Float his luminous rays of gold.

The firmament is clad in beautiful
And changeable hues
That mingle with the dim lights
In their brilliant and graceful movements.

And little by little night
Spreads her immense wings,
Covering with a cloak of mourning
The world's glories and pomp.

It is the hour in which sad hearts
See the darkened image of hope
Which sustained them
Vanishing with the light of day.

It is the hour in which I see
The fabric of my life crumbling,
And the glorious future which it courts
Is hiding like the sky between the shadows;

En que yo digo adios á la esperanza
Y á los goces del mundo,
Y con incierto paso y sin vigía
Marcho por un desierto tremebundo.

En que contemplo mi fugaz aurora
Sin lucir disiparse,
Y las lozanas flores de mi vida
Sin exhalar perfume deshojarse.

En que á la vez mis bellas ilusiones
Toman cuerpo, se abultan :
Tocan la realidad, y desmayadas
En crepúsculo negro se sepultan.

ESTEVAN ECHEVERRIA.

The hour in which I say farewell to hope,
And to the joys of earth,
And with uncertain step, without a guide,
I travel through a dreadful desert;

In which I contemplate my fleeting youth,
Vanishing without having shone,
And the luxuriant flowers of my life [fragrance.
Dropping their petals without exhaling their

It is the hour in which my beautiful illusions
Take shape and augment:
They touch reality and then begin to fade,
And to sink in the twilight's gloom.

ESTEVAN ECHEVERRIA.

A............

VERSOS ESCRITOS EN EL GOLFO MEJICANO

 En las ondas azules, agitadas,
Cuando el austro amenaza tempestad,
El riesgo olvido de mi frágil nave,
Solo pienso, mi bien, en tu beldad.

 Ruega por mí, ferviente y piadosa,
Al que rige la tierra, el viento, el mar;
De tus santas plegarias conmovido,
Mi delincuente vida salvará.

 Este secreto impulso que me arrastra
Hácia tu ser hermoso, celestial,
No es el amor profano de este mundo,
Misterio es de pasion y de piedad.

 Suele buscarte mi alma enardecida
En el éter del aura matinal,
En el cielo de un sol que se despide
No en el grato recinto de tu hogar.

 Antes de verte hechizo de mi vida,
Mi triste corazon era un volcan,
Y en su lóbrego centro se agitaban
Fiera ambicion, venganza funeral.

TO............

LINES WRITTEN IN THE MEXICAN GULF.

Upon the blue and agitated waves,
When notus threatens storm,
I forget the peril of my fragile bark,
And only think, my treasure, upon thy beauty.

Pray for me, fervently and piously,
To Him who rules the earth, the wind and sea
And, moved by the holy entreaties,
He will save my erring life.

This secret impulse which draws me
Towards thy beautiful and heavenly being,
Is not the irreverent love of this world;
It is the mystery of passion and piety.

My kindled soul would seek thee
In the pure morning breeze;
In the heaven of a sun that never sets;
In the delightful confines of thy home.

Before I beheld thee, my life's enchantment
My sad heart was a volcano,
And within its mournful center stirred
Ambition fierce, and hapless vengeance.

Crudos embotes de civil discordia,
Lauro sangriento, aplauso popular,
Eran objetos que á mi pecho hacian
De esperanza y de gozo palpitar.

Te vi, y amé el perfume de los campos,
La pureza de un pecho virginal,
El rio que se esconde entre las flores,
En un infante el beso maternal.

Hoy ya no cruzo el piélago espumoso
Tras de una gloria de placer falaz;
Corro á tus brazos...á mi opaca frente
Una lágrima tuya animará.

José Rivera Indarte.

Heavy stupefaction of civil discord,
Sanguinary glory and popular applause,
Were the objects that made my heart
To beat with hope and joy.

I saw thee, and I loved the fragrance of thy
The purity of a virginal heart ;   [fields ;
The river concealed among the flowers,
And in a child the mother's kiss.

Henceforth no more I cross the high and
After a glory of deceitful joys ;   [foamy seas
I run to thy arms, when one of thy tears
Will brighten my gloomy brow.

JOSE RIVERA INDARTE.

A CRISTOBAL COLON.

"¿Quién el furor insulta de mis olas?
¿Quién del mundo apartado y de la orilla
Entre cielos y abismo hunde la quilla
De tristes naves náufragas y solas?
Las banderas triunfantes que enarbolas,
En la mojada arena con mancilla
Miedo al mundo serán, no maravilla,
Y el ocaso de tus naves españolas."

El mar clamó; pero una voz sonora
¡Colon! prorumpe y al divino acento
Inclina la cerviz, besa la prora.
Cruje el timon: la lona se hincha al viento
Y Dios guiando al nauta sin segundo
A los piés de Isabel arroja un mundo.

RAFAEL MARIA BARALT.

TO CHRISTOPHER COLUMBUS.

"Who insults mine angry waves?
Who, separated from the world and its shores,
Between heaven and destruction, sinks
The keel of gloomy ships, calamitous and alone?
The triumphant banner which thou plantest
Audaciously upon my humid shores
Will not bring surprise, but fear to the world,
And destruction to thy Spanish ships."

Thus exclaimed the sea ; but a sonorous voice
Burst out: "Columbus!" and at the voice divine
He bent his brow and kissed the prow. [breeze ;
The rudder creaked ; the sail swelled in the
And God, guiding the matchless mariner,
Flung a world at Isabella's feet.

RAFAEL MARIA BARALT.

A WASHINGTON.

No en lo pasado á tu virtud modelo,
Ni copia al porvenir dará la historia,
Ni el laurel inmortal de tu victoria
Marchitarán los siglos en su vuelo.

Si con rasgos de sangre guarda el suelo
Del coloso del Sena la memoria,
Cual astro puro brillará tu gloria
Nunca empañada por oscuro velo.

Miéntras la fama las virtudes cuente
Del héroe ilustre que cadenas lima
Y á la cerviz de los tiranos doma,

Alza gozosa, América, tu frente,
Que al Cincinato que formó tu clima
Le admira el mundo, y te lo envidia Roma

Gertrudis G. de Avellaneda.

TO WASHINGTON.

The centuries, in their flight, could never
Pale thy victory's immortal glory,
Nor could history give to the future a copy,
Nor in the past, a model of thy bravery.

If the native land of the statue of Sena
Preserve his memory with gushes of gore,
Thy glory, which was never clouded by a dark veil
Will shine like a brilliant star.

While fame recounts the deeds
Of the illustrious hero who broke the chains
And subdued the tyrant's pride,

Rejoice, America, and lift thy brow,
For the world admires and Rome envies
The Cincinnatus—the native of thy soil!

    GERTRUDIS G. DE AVELLANEDA.

AL SOL.

EN UN DIA DEL MES DE DICIEMBRE.

Reina en el cielo, sol; reina é inflama
Con tu alma fuego mi cansado pecho:
Sin luz, sin brio, comprimido, estrecho,
Un rayo anhela de tu ardiente llama.

A tu influjo feliz brote la grama,
El hielo caiga á tu fulgor deshecho;
Sal! del invierno rígido á despecho,
Rey de la esfera: sal! mi voz te llama.

De los dichosos campos, do mi cuna
Recibió de tus rayos el tesoro,
Alejóme por siempre la fortuna.

Bajo otro cielo, en otra tierra lloro...
Esta nieve luciente me importuna.
¡El invierno me mata! ¡yo te imploro!

Gertrudis G. de Avellaneda.

TO THE SUN.

ON A DECEMBER'S DAY.

King of the heavens, thou sun ! rule and kindle
With thy holy fire my weary heart,
Which, without light or courage, depressed, de-
Craves for a ray of thy glorious fire.   [jected,

May the grain spring in thy vivifying power ;
May the ice fall melted at the brilliancy of thy
Arise ! in spite of the rigorous winter,   [light.
King of the world, arise ! to thee my voice calls.

Fate separated me for forever
From the happy fields where my cradle
Received the treasures of thy rays.

Under another sky, in another land, I weep ;
This dazzling snow annoys me ;
Winter is killing me !—I implore thee !

GERTRUDIS G. DE AVELLANEDA.

AGRADECIMIENTO.

No necesitas, no, niña preciosa,
De tu garbo, donaire, gentileza:
Para ser estimada con presteza,
Eres á mas de linda, muy graciosa.

Estando en la ciudad mas populosa,
Cual viajante, que yerra en la maleza,
Mereció mi cariño tu terneza:
¿Puede darse entre dichas mayor cosa?

Mil gracias te repito cada dia,
En la noche, en la tarde, en la mañana
Recorriendo tu amor y gallardía:

Y á pesar de la ausencia mas tirana,
Un altar te levanto en la alma mia,
Donde adoro tu imágen soberana.

Fr. Manuel Navarrete.

GRATITUDE.

Thou dost not need, lovely maiden,
Of thy elegance, grace and gentility
To be at once esteemed,
For besides beautiful thou art most gracious.

Being in the most populous city,
Like a traveler wandering in the barren waste,
Thy tenderness deserved my affection:
Can one give, among riches, anything better?

Many thanks I repeat to thee each day,
At night, in the evening and in the morning,
Thinking upon thy love and thy grace;

And notwithstanding most tyrannical absence
I raise to thee an altar in my heart
Where thy sovereign image I adore.

Fr. Manuel Navarrete.

A UNA MARIPOSA.

Hija del aire, nívea mariposa,
Que de luz y perfumes te embriagas,
Y del jazmin al amaranto vagas,
Como del lirio á la encendida rosa;

Tú que te meces cándida y dichosa
Sobre mil flores que volando halagas,
Y una caricia por tributo pagas
Desde la mas humilde á la orgullosa;

Sigue, sigue feliz tu raudo vuelo,
Placer fugaz, no eterno, solicita,
Que la dicha sin fin solo es del cielo:

Fijar tu giro vagaroso evita,
Que la mas bella flor que adorna el suelo
Brilla un momento y dóblase marchita.

Gertrudis G. de Avellaneda

TO A BUTTERFLY.

Child of the zephyr, thou white butterfly,
Drowning thyself in perfumes and light;
From the amaranth to the jasmine flitting,
Likewise from the lily to the blushing rose.

Thou rockest innocently and happy
Upon a thousand flowers caressed by thy wings;
And from the humblest to the proudest
Thou payest a tribute of thy love.

Pursue in happiness thy rapid flight,
A fleeting, but not eternal delight.
Consider that endless bliss comes only from heaven

Forbear to fix thy restless flight,
For the fairest flower that adorns the earth
A moment shines; then droops and fades.

GERTRUDIS G. DE AVELLANEDA.

AUTHORS QUOTED IN THIS WORK.

ACUÑA (Manuel). See page 73.

ARCE (Don Gaspar Nuñez de). Born Aug. 4, 1834, at Valladolid, Spain. Has resided in Madrid since 1865, and is at present a member of the Cortes.

AVELLANEDA (Doña Gertrudis Gomez de). Born in Puerto Principe, Cuba, March 23, 1816. Died Feb. 1, 1863, in the city of Sevilla.

BARALT (Don Rafael Maria). Born in Maracaibo, Venezuela, in the year 1810.

CALDERON (Fernando). Born in Guadalajara, Mexico, July 20, 1809. Died in the city of Ojocaliente, Jan. 18, 1845.

CARPIO (Don Manuel) Born in the village of Cosamaloápam, in the old province of Veracruz, Mexico, March 1, 1791. In the course of his career he followed the varied occupations of doctor, lawyer, theological student, professor of languages, soldier, traveler, journalist, magistrate, diplomat, historian, poet and author. Three 8vo volumes of historical and descriptive matter are the result of his travels in the Holy Land, in addition to which the poet has written many other interesting works. He died Feb. 11th, 1860.

CERVANTES (Don Alejandro Magariños y). Born at Montevido, October 3, 1825.

ECHEVERRIA (Don Estevan). Born in Buenos Ayres.

GODOY (Don Juan). Born in Mendoza, Argentine Republic, in the year 1873.

HEREDIA (Don José Maria). Born in Santiago de Cuba, Dec. 29, 1803. Died in Mexico in 1839.

LOZANO (Don A.). A native of Venezuela.

MADRID (Don José Fernandez). Born in Cartagena, New Granada. Died in London, about 1830.

MARMOL (Don José). Born in Buenos Ayres, Dec. 4, 1818. Was for many years librarian of the public library of his native city.

MENDIVE (Don Rafael). Born in Havana, Cuba, Oct. 24, 1821.

NAVARRETE (Don Fernando Manuel Martinez de). Born in Zamora, Mexico, June 18, 1768. Died July 19, 1809.

OLAGUIBEL (Don Francisco M. de). Native of Mexico.

PACHECO Y OBES (Don Melchor). Born in Uruguay, Jan 9, 1810.

PEREZ (Don José Piug). A native of Mexico.

PEZA (Don Juan de Dios). Born in the City of Mexico, about 1850. He is known as the Longfellow of his country, and is at present a member of the Mexican Congress.

www.ingramcontent.com/pod-product-compliance
Lightning Source LLC
Chambersburg PA
CBHW030215170426
43201CB00006B/89